Aufgewachsen in der DDR

Franziska Wolfram
Uwe Mörtel

Wir vom Jahrgang 1962

Kindheit und Jugend

Impressum

Bildnachweis:

Umschlag:
oben und hinten: Franziska Wolfram; unten: Monika Franke

Innenteil:
Franziska Wolfram: S. 4, 7u, 11u, 13, 14, 15, 24, 43, 59o, 60li, 62, 63o; Uwe Mörtel: S. 6o, 8u, 9, 12, 13, 16, 17, 18, 19, 20, 21, 22, 23, 25, 26, 27, 28, 30, 32, 33, 34, 35, 36, 39, 45, 47, 51, 53, 55, 60re; Rosi Fiedler: S. 6u, 70; Marion Franke: S. 48
ullstein bild-Probst: S. 5, ullstein bild-Breuel-Bild: S. 10 li; ullstein bild-dpa: S. 11o; ullstein bild-Horstmüller: S. 38; ullstein bild-Berndt: S. 40; ullstein bild- Camera Press Ltd: S. 41mi; ullstein bild-dpa: S. 41re, 59u; ullstein bild-Wlocka: S. 41u; ullstein bild-Werek: S. 41li; ullstein bild-Probst: S. 44; ullstein bild-ADN-Bildarchiv: S. 46re, 49; ullstein bild-Lehnartz: S. 46li; ullstein bild-Wiezorreck: S. 54li; ullstein bild-Zentralbild. S. 54re; ullstein bild-HM Sewcz: S. 56; ullstein bild-ADN-Bildarchiv. S. 56, 58o; ullstein bild-KPA Grimm: S. 58u; ullstein bild-Klaus Winkler: S. 61; ullstein bild-Peter Meißner: S. 63u

Wir danken allen Lizenzträgern für die freundliche Abdruckgenehmigung.
In Fällen, in denen es nicht gelang, Rechtsinhaber an Abbildungen zu ermitteln, bleiben Honoraransprüche gewahrt.

9. Auflage 2022

Gestaltung und Satz: r2 | Ravenstein, Verden
Druck: Druck- und Verlagshaus Thiele & Schwarz GmbH, Kassel
Buchbinderische Verarbeitung: Buchbinderei S. R. Büge, Celle

34281 Gudensberg-Gleichen • Im Wiesental 1
Telefon: 056 03/9 30 50 • www.wartberg-verlag.de
ISBN: 978-3-8313-3162-8

Vorwort

Liebe 62er!

Wenn wir heute über unsere Kindheit und Jugend erzählen, klingt das manchmal wie Geschichten aus einer anderen Welt. Kein Wunder, denn das Land, in dem wir 1962 als Bürger der Deutschen Demokratischen Republik geboren wurden, gibt es nicht mehr. Auch waren die Umstände in unseren Kinderjahren kaum vergleichbar mit denen in den 70er- und 80er-Jahren. In den Sechzigern ging es wirtschaftlich steil bergauf, was sich in der allgemeinen Stimmung widerspiegelte. Die meisten unserer Eltern waren begeistert. Wir auch! In unserem Land wurde viel Augenmerk auf Bildung, Sport und Gesundheit gelegt. Die Impfrate lag bei nahezu 100 Prozent. Begriffe wie Arbeitslosigkeit oder Drogenprobleme gehörten in die „andere Welt“. Mit Beginn der Siebziger wurde die DDR zu einem Land, das sich zunehmend durch permanenten Mangel an allem, was nicht zu den Grundnahrungsmitteln gehörte, auszeichnete und seine Bevölkerung quasi zwang, sich selbst zu helfen. Sei es durch Erfindungsreichtum oder Nachbarschaftshilfe. Handwerkliches Geschick oder gute Beziehungen waren lebensnotwendig. Dass wir in unserer Reisefreiheit eingeschränkt waren, wurde erst nach unserem 18. Lebensjahr zum Problem, wenn wir mehr als nur unser kleines Land und die Länder des RGW kennenlernen wollten.

Die meisten von uns wuchsen trotzdem unbekümmert auf. Vor allem mit klaren Wertvorstellungen. Unsere Eltern hatten Arbeit und mit ihrem Einkommen ein Auskommen. Wir wussten, dass nach der Schulzeit ein Ausbildungsplatz auf uns wartete. Sicher nicht für jeden der Traumberuf, aber jeder würde eine Arbeit haben, sich eine Familie und einen gewissen Lebensstandard leisten können. Unsere Zukunft schien sicher zu sein. Dass es eine Einheit Deutschlands und damit einen radikalen Wechsel der Lebensverhältnisse geben würde, war völlig unvorstellbar. Das Leben in der DDR war vielfältiger, als manch Außenstehender glauben mag. Und wir sind sicher, dass Sie, liebe Leserinnen und Leser, Ihre Kindheit und Jugend in diesem Buch wiedererkennen werden.

Franziska Wolfram   Uwe Mörtel

Willkommen im sozialistischen Leben

Auf Rüschen gebettet.

Im Storchenheim

Als wir auf dieser Welt ankamen, war der Himmel über uns sehr viel (nein, nicht blauer!) rötlicher als nebenan. Mit Fug und Recht können wir behaupten, dass wir DDR-62er als Pioniere geboren wurden; wir waren nämlich die ersten, deren Zukunft bestens geebnet war, sodass wir sie quasi als Wegbereiter beschreiten durften. Den antiimperialistischen Schutzwall hatte man bereits errichtet, der Klassenfeind konnte uns also nichts mehr anhaben. Die große Familie war auch längst gegründet, sodass jeder von uns einen „großen Bruder“ namens Sowjetunion hatte. Gezeugt wurden wir, als jener große Bruder

Chronik

1. Januar 1962
Die Beatles machen die ersten Probeaufnahmen bei der Plattenfirma Decca. Sie werden mit der Begründung abgelehnt, dass Gitarrengruppen nicht mehr modern seien.

14. bis 28. Oktober 1962
Die Sowjetunion stationiert Raketen auf Kuba als Antwort auf die nuklearen Mittelstreckenraketen des Typs Thor und Jupiter, welche die USA 1959 in Italien und der Türkei aufgestellt hatten, und löst damit die Kubakrise aus.

5. August 1963
Die USA, UdSSR und Großbritannien unterzeichnen in Moskau den Vertrag über das Verbot von Atomtests in der Atmosphäre, im Weltraum und unter Wasser.

22. November 1963
US-Präsident John F. Kennedy fällt einem Attentat in Dallas zum Opfer. Zwei Tage später erschießt der Nachtclubbesitzer Jack Ruby vor laufender Kamera den mutmaßlichen Täter Lee Harvey Oswald bei dessen Überführung ins Gefängnis. Die Umstände des Attentates konnten somit nicht in allen Einzelheiten geklärt werden.

12. Juni 1964
Nelson Mandela, Führer des African National Congress, wird zusammen mit sieben Mitangeklagten wegen Subversion und Sabotage zu lebenslanger Haft verurteilt.

7. August 1964
Der US-Kongress beschließt einstimmig die Annahme der Tonkin-Resolution und erteilt damit die Vollmacht zur amerikanischen Beteiligung am Vietnamkrieg.

9. September 1964
Die DDR genehmigt Rentnern Verwandtenbesuche in der BRD und Westberlin.

14. Oktober 1964
Nikita Chrustschow wird vom ZK aus seinen Ämtern entlassen. Ihm folgt als Regierungschef Alexej Kossygin, als Parteichef Leonid Breshnew.

1. Dezember 1964
Für Besucher aus dem Westen setzt die DDR den Zwangsumtausch fest.

Walter Ulbricht war allgegenwärtig.

gerade den ersten Kosmonauten Juri Gagarin ins All schickte. Oder als unsere Eltern unter dem Eindruck dieses Ereignisses standen. Na ja, manche von uns sind vielleicht einfach nur passiert, aber das ändert nichts daran, dass wir alle zusammen ein echter Pionier-Jahrgang sind.

Anders als unsere älteren Geschwister, zu denen die Hebamme mit dem Fahrrad über Land gefahren war, kamen wir ja in Storchenheimen zur Welt. Und so gehörten zu den ersten Bildern, die sich unseren Äuglein boten, fast ausschließlich Frauengesichter, viele davon mit schneeweißen Häubchen auf dem Kopf.

Zu Hause wurde es schon lustiger, vor allem am Wochenende, wenn die Mamas sich mit Lockenwicklern schmückten, die Papas ihre Elvis-Tollen zurechtlegten und nach Pitralon dufteten. Uns wurden gehäkelte Sonntags-

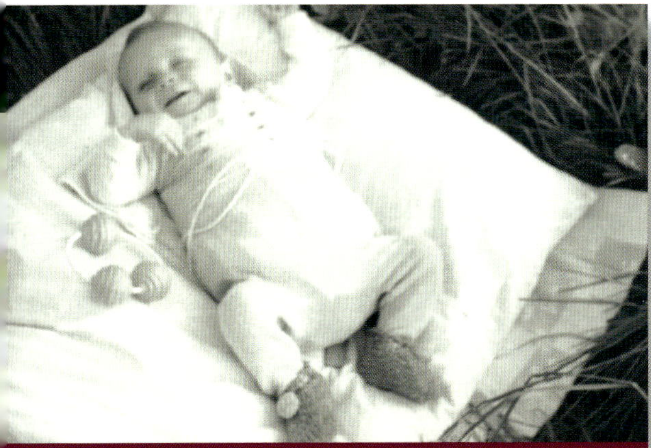

Und wenn mal ein Käfer kam, war's auch nicht so schlimm.

Ausfahrgarnituren angezogen, wir wurden in unsere Korbkinderwagen gepackt und mit hellblauen oder rosa Rüschen-Wagendecken geschmückt. Zu unserem Erstaunen sahen wir allerhand Gesichter, die uns mit gigigig oder huschehuschehusch belustigen wollten.

Auf vorgezeichneten Wegen

Spätestens seit dem 24. Januar unseres Geburtsjahres stand fest, dass die männlichen Babys unter uns dereinst das sozialistische Vaterland als NVA-Soldat verteidigen würden. Und die Mädchen würden bestimmt ungeheuer stolz sein auf ihre Freunde, Männer oder Brüder. Ja selbst auf ihre Väter, die zur Ehre der Familie Reservistendienste leisten durften. In diesem Sinne – „der Zukunft zugewandt" – gestaltete sich unser Werdegang. Erst innerhalb und später außerhalb des mütterlichen Bauches. Den Weg von innen nach außen absolvierten wir freilich konservativ, aber einige Wochen später ging es so richtig los mit unserem Lebenslauf.

Der unverwüstliche Korbkinderwagen.

Unsere werktätigen Muttis

Hierzulande waren die Frauen bald gleichberechtigt, das heißt, als Mütter berufstätig. Da durften nicht nur die Väter frühmorgens viertel sieben stolz den Arbeiterzug besteigen; nein, Krippen und

Familienausflug.

Kindergärten nahmen uns ab sechs Uhr in Empfang, damit unsere Mamas pünktlich am Arbeitsplatz erscheinen konnten. Und dabei hatte unser Staat dafür gesorgt, dass es uns in punkto leibliche Bedürfnisse an nichts mangelt: In den gesetzlich geregelten Stillpausen durften unsere Muttis nämlich ihren Arbeitsplatz – falls dieser „um die Ecke" war – für 30 Minuten verlassen und uns in der Krippe mit Muttermilch ernähren.

Kinderkrippe

Die Erinnerung an die Zeit, bis wir das magische dritte Lebensjahr erreicht hatten, ist für uns ziemlich verschwommen. Wir haben Bilder von winzigen Episoden gespeichert. Das Laufgitter vielleicht, zwischen dessen Stäben so mancher Kopf stecken geblieben ist, bis die Krippentante dem Leiden mit einem energischen Ruck ein Ende bereitete und – wenn es eine nette Tante war – den Schmerz hernach mit vielen lieben Streicheleinheiten wegzauberte. Dann kam die Zeit der Topfbank,

Indoor und outdoor einsetzbar – das Laufgitter.

Sie liebt mich,
sie liebt mich nicht,
sie ...

das war die Vorbereitung auf den Kindergarten. Mit drei Jahren hatten wir „sauber“ zu sein. Ansonsten würden wir keine Brottasche bekommen – das Statussymbol für große Kindergartenkinder ...

Ich hab noch manche Überraschung für euch auf Lager!

Einführung der allgemeinen Wehrpflicht

Per Gesetz vom 24. Januar 1962 wurde in der DDR die allgemeine Wehrpflicht eingeführt. Danach hatten alle Männer im Alter zwischen 18 und 50 Jahren einen 18-monatigen Grundwehrdienst zu leisten. „Gedient“ wurde in der NVA, im Wachregiment, bei der Bereitschaftspolizei oder den Grenztruppen. Nach Ableistung des „Ehrendienstes“ erfolgten mitunter mehrfache Einberufungen zum „Reservisten-Dienst“, die bis zu drei Monaten andauerten.

Religiös gebundene Bürger hatten laut Beschluss vom 7. September 1964 die Möglichkeit des waffenlosen Wehrdienstes in der NVA (Bausoldaten). Sie erhielten keine Ausbildung an der Waffe und hatten anstelle des Fahneneides ein Gelöbnis abzulegen. Zivildienst gab es in der DDR nicht.

Subbotnik

Damit wir es in unserem zweiten Zuhause recht schön hatten, leisteten unsere Väter an so manchem Wochenende freiwillige und unentgeltliche Arbeiten in der Kindereinrichtung. Je nach handwerklichem Geschick verputzten und malerten sie die Räume. Im Garten, der zu jeder Kinderkrippe oder Kindergarten gehörte, pflanzten sie Bäume und Blumen, setzten Zäune instand und pflegten Rasen und Hecken. Diese Arbeitseinsätze wurden Subbotnik genannt, weil sie meistens am Sonnabend (russ. Subbota) stattfanden.

Subbotniks fanden außerdem in vielen Wohngebieten statt. Meist, um sie zu verschönern, zu säubern oder gar einen Spielplatz einzurichten. Anfangs staatlich organisiert, verselbstständigte sich der Subbotnik im Laufe der Zeit und wurde zu einer festen Einrichtung. Dabei wurde das Zusammengehörigkeitsgefühl gestärkt und nicht selten endete er in einer zünftigen Feier, nach dem Motto: Erst die Arbeit, dann das Vergnügen. Mancherorts hat sich der Subbotnik über die Wende hinaus erhalten. Vielleicht nicht im gleichen Umfang, aber in seinem Inhalt.

Mutter versorgte Sonnabend den Haushalt, Vater ging zum Subbotnik.

Handarbeit statt Fertigwindel

Pampers und Fixies hätten unseren Müttern viel Zeit erspart, aber sie konnten leider nur auf die altbewährten Baumwollwindeln zurückgreifen. Diese hielten allerdings nicht mehrere Stunden trocken. Über die weiße, im Dreieck gelegte Baumwollwindel kam eine kleine, quadratische und mehrfach gefaltete, die größere Flüssigkeitsmengen aufnehmen sollte. Dieses kunstvolle Gebilde wurde in Gummihöschen verpackt. Hatten wir unser Geschäft erledigt, egal ob groß oder klein, war es angebracht, uns so schnell wie möglich trockenzulegen, sonst konnte das schlimme Folgen für den Po haben. Wir waren zwar dick mit Puder oder Creme eingeschmiert, aber das war nur für die oberflächliche Pflege und den ersten Moment. Lange hielten wir es nicht aus in dieser feuchtwarmen Packung. Selbst die engsten Beinabschlüsse hielten nicht dicht und so musste manchmal die gesamte Kleidung gewechselt werden. Dieses Ungemach hatte allerdings zur Folge, dass sich unsereins frühzeitig von der Windelei lossagte und freiwillig zum Töpfchen wechselte.

Prominente 1962: Ein guter Jahrgang

2. März	**Jon Bon Jovi**, US-amerikanischer Musiker
18. März	**Tina Bara**, Fotografin, aktiv in der DDR-Friedensbewegung
25. April	**Ralf Benschu**, Saxophonist der Gruppe KEIMZEIT
4. Mai	**Christoph Sonntag**, Kabarettist
6. Mai	**Mario Kummer**, deutscher Radsportler
20. Mai	**Christiane Felscherinow**, (Christiane F., „Wir Kinder vom Bahnhof Zoo")
21. Mai	**Uwe Rahn**, deutscher Fußballspieler
3. Juli	**Tom Cruise**, US-amerikanischer Schauspieler und Produzent
26. Juli	**Uwe Raab**, deutscher Radsportler
29. Aug.	**Jutta Kleinschmidt**, deutsche Rallye-Fahrerin
19. Nov.	**Jodie Foster**, US-amerikanische Schauspielerin, Filmregisseurin und Produzentin

Jutta Kleinschmidt, die großartige Rallyefahrerin.

Sandmänchen, Pittiplatsch und Schnatterinchen

Ständige Begleiter unserer Kindertage waren der freche und so liebenswerte Kobold Pittiplatsch und das Schnatterinchen, das immer alles besser wusste. Wer sie nicht aus dem Fernsehen kannte, keinen Schlafanzug, keine Tapete, Gardinen oder Taschentücher mit ihrem Abbild hatte, der lernte sie als Handpuppen im Kaspertheater kennen, das uns die Kindergärtnerinnen vorspielten. Mancher von uns nennt bis heute eine solche Puppe sein Eigen. Oder schwärmt seinen Enkeln was vor. Auf den kleinen Zetti-Schokoladentafeln waren sie und weitere lustige Figuren wie Herr Fuchs und Frau Elster oder Borstel und Onkel Uhu uns nahe.

Das Sandmännchen war eine feste Institution, erschien es doch jeden Abend pünktlich zehn vor sieben (damals zehn Minuten lang). Es reiste an auf dem

Wir warten auf das Sandmännchen.

fliegenden Teppich, in einer sowjetischen Rakete oder die Interflugtreppe herunter, fuhr mit Pferdeschlitten, Mondauto, Bagger oder der Dampflok vor. Zum Abendgruß erschienen Frau Puppendoktor Pille, Tatheus Punkt, Annemarie mit Brummel oder Flax und Krümel. Sollten wir einmal unartig gewesen sein, so war der Entzug des Abendgrußes eine der härteren Erziehungsmaßnahmen und fruchtete besonders schnell.

Lange blieben wir nicht so brav sitzen, aber zum Sandmann auf jeden Fall.

Familienausflug

Egal ob unsere Mütter von der Arbeit müde waren, sich um die Einkäufe oder Wäsche kümmerten – wir plapperten unermüdlich darauflos, um die Ereignisse des Tages mitzuteilen. Manchmal erbarmten sich unsere Väter und fuhren ein Weilchen mit uns Dreirad oder Roller oder wir durften ihnen bei der Reparatur unserer Spielsachen zusehen.

Besser war es am Wochenende. Sonnabends wurde alles vorbereitet, um den Sonntag als genüsslichen Familientag verleben zu können. Und dann ging's los. Mit dem Bus oder Zug fuhren wir zu Besuch oder einfach in eine andere Stadt oder ein anderes Dorf. Manchmal nur eine Station, aber es schien uns wie eine Weltreise. Busse und Bahnen waren fast die einzigen Verkehrsmittel und somit oft überfüllt. Wir saßen auf Muttis Schoß. Später, als wir fest mit beiden Beinen auf dem Boden standen und für Mutters Knie zu schwer wurden, standen wir tapfer im Gang und opferten unseren Sitzplatz für ältere Mitbürger. Autobesitzer waren in der Minderheit und deren Kinder wurden von uns auf jeden Fall beneidet. Viele Familienausflüge waren einfach nur Spaziergänge oder aber richtige Ganztagstouren mit Wandern (wir im Sportwagen) und Einkehr in einem Ausflugslokal.

Fein gemacht für den Sonntagsspaziergang.

Erlebnis „Ascheauto“

Das Ascheauto gehört zu unseren ersten Kindheitserinnerungen. Es war äußerst interessant, wie die Aschefahrer die Aschekübel (120-Liter-Ringtonne aus verzinktem Blech) geschickt bis zum Auto drehten, sie per Muskelkraft hochwuchteten (die Hebeltechnologie gab es erst später), auskippten und schließlich so richtig schön laut wieder hinknallten. Ein echtes Highlight war, wenn wir beobachten konnten, wie sich der Container des Ascheautos hochhob, um die Fracht zu verteilen. Es staubte, krachte, stank und faszinierte.

Die Asche (sofern sie nicht zum Düngen verwendet wurde) bildete den größten Teil des Restmülls, denn in Küchenherden, Kachel- und Badeöfen und vor allem in Waschkesseln wurde fast alles verbrannt, was selbst beim besten Willen nicht mehr nutzbar war. Von Mutters löchrigem Scheuerlappen bis zu Opas zerschlissenen Filzpantoffeln. Wenn das Entsorgungsgut partout nicht brennen wollte, wurde es mit etwas Bohnerwachs präpariert, das loderte auf wie Zunder.

Auf Einkaufstour im Sportwagen.

Es war herrlich, wenn wir dabei zugucken durften. Derartige Aktionen fanden allerdings recht selten statt, denn das meiste, was ins Haus kam, wurde nutzbringend weiterverwertet.

Strohpuppen gehörten zur Kindheit auf dem Lande, teils bis in die 70er-Jahre.

Mamas Spucke an der Backe

Es gibt Dinge, die sich über Generationen nicht ändern. Es liegt wohl in der Natur der Mutter (mitunter auch in der des Vaters oder der älteren Geschwister), den kleinen, zarten Spross stets ganz fein sauber vorzuzeigen. Daher wurden wir nach der regulären spurenreichen Nahrungsaufnahme penibel mit Wasser und Waschlappen gereinigt. Aber was geschah, wenn wir uns beschmiert hatten und es war gerade kein Waschbecken verfügbar? Genau! Mutti leckte nämlich ihren rechten Zeigefinger nass und wusch uns damit sauber. Anfangs war das ja in Ordnung, doch sehr bald wurde es unangenehm. Unsere Intervention – egal wie und wann– nützte nichts; wir mussten die punktuelle Schnellwäsche mit Spucke noch lange über uns ergehen lassen. Und das Seltsame ist: Wir alle haben es früher oder später gehasst, machen es aber mit unseren Kindern und Enkeln ebenso.

Vom angewärmten Emaille-Nachttopf

Ein ebenfalls zeitloses Relikt ist der Nachttopf. Ob aus Porzellan, Emaille oder aus Plaste – Nachttöpfe gehören unweigerlich zu jeder frühen Kindheit. Zu unserer Zeit waren die keramischen schon out, jene aus Kunststoff eher selten. Es war die Zeit der Emaille; weiß mit schmalem blauem Rand und vom Design her bauhausmäßig (also eher unbequem). Nun ging es ja im Kinderzimmer oder im gesamtfamiliären Gemeinschaftsschlafraum des Nachts mitunter recht frostig zu. Natürlich hatten wir dicke Federbetten, die waren von unten noch warm, wenn oben schon die Eiskristalle wuchsen. Gerade in diesen Nächten wären wir garantiert am Töpfchen angefroren, wenn unsere Mutti nicht mit List und Tücke vorgesorgt hätte: Flugs hat sie auf dem Küchenherd oder mittels Tauchsieder Wasser heiß gemacht und in den Topf geschüttet. So war er schön warm und unsereins konnte loslegen.

Kaum ein Winter ohne reichlich Schnee.

Wie die Großen aufs Plumpsklo

Begriffe wie „Trockentoilette", „Donnerbalken" oder „Plumpsklo" sind Leuten unseres Jahrgangs bestens vertraut. Für nicht wenige gehörte jene Sanitärtechnik bis zum 30. Lebensjahr zum Alltag. Im zarten Alter von zwei bis drei Jahren war diese Einrichtung ein Statussymbol, denn wer sie selbstständig benutzen konnte, war ein richtig „großes Kind". Dabei studierten wir in der Praxis, was uns viel später die Physiklehrer theoretisch beizubringen versuchten: Es ging um Masse, um Höhe, um Falldauer. Sobald wir die Hürde gemeistert hatten, lernten wir, wie wir die danebenliegenden Zeitungsseiten zu zerreißen und weich zu knüllen hatten, damit das rare Papier optimal ausgenutzt wurde.

Waschtag.

Ideen made in G.D.R.

Dass Mangel erfinderisch macht, zeigt sich in der Fülle unserer Eigenschöpfungen, die ihresgleichen sucht. Die Mädchen schmückten sich beispielsweise mit „Kupferketten", auf deren Herstellung sich geschickte Jungs in der Unterstufe spezialisierten. Mittels Kupferdraht, einem Nagel und etwas Kreativität entstand eine beachtliche Formenvielfalt. Wer eher auf filigraneren Schmuck stand, fädelte Sternchennudeln auf; damit das Kettchen nicht eintönig aussah, wurde ein Teil davon vorher auf der heißen Herdplatte gebräunt. Zur Produktion einer individuellen Tasche pulten wir die transparenten Innenringe aus Kronverschlüssen heraus, umhäkelten diese mit Bast, fügten sie als Blumen und schließlich zur Tasche zusammen. Die Metallverschlüsse selbst wurden kunstvoll zusammengelötet und daraus Mickeymäuse produziert. Aus Fitflaschen zauberten wir Osterkörbchen.

Die Gabe, aus wenigem viel zu machen, war generationenübergreifend. Aus Bettlaken wurden komplette Kleider, Hosenanzüge und moderne Oberhemden genäht; Bratwurstroste entstanden aus Schweißdraht (der im Betrieb garantiert „übrig" war).

Alleskönner: Rollenpflaster

Dinge wie Tesafilm, Powerstrips, Sekundenkleber oder Tacker hat es in unserer Kindheit nicht gegeben. Dafür hatten wir aber echte Allroundmaterialien. Allen voran das Rollenheftpflaster. Damit wurden Kinderbücher, Wachstuchtischdecken, brüchiges Linoleum und kaputte Blumentöpfe repariert, abgebrochene Puppenhände und Holztreckerdächer befestigt, Gummistiefel mit Namensschildern versehen oder abgewetzte Teddybären verarztet, damit die Holzwolle nicht herausbröselte. Mit Rollenpflaster wurden die Jahreskalender aus der Zeitung an den Küchenschränken befestigt, gesprungene Riffelglasscheiben in Korridor- oder Badtüren stabilisiert und Elektrokabel isoliert.

Manche Kindergärtnerin hat den Schwatzhaften oder Vorlauten unter uns gleich mal den Mund damit zugeklebt (was eine sehr harte Strafe war, weil es beim Abziehen fürchterlich wehtat).

So lernten wir beizeiten den Umgang mit dem Multifunktionsmaterial. Das sollte uns später zugutekommen, beispielsweise beim Einhüllen unserer Schulbücher mit Packpapier.

Die Schürze passt noch, die Strumpfhose auch bald.

Lederhosen und Rattenschwänze

Kindertagsfest im Kindergarten mit Blumenkranz und Singspielen.

Kindergartenalltag

Mit Vollendung des dritten Lebensjahres hatten wir die erste soziale Hürde genommen: den Übergang von der Krippe in den Kindergarten. Während uns dieses Ereignis meist nur noch bruchstückhaft oder überhaupt nicht mehr in der Erinnerung ist, sind einige Ereignisse der Kindergartenzeit für viele noch greifbar. Die um den Hals gehängte Brottasche beispielsweise, in der sich das in Butterbrotpapier eingewickelte Frühstück befand. Dazu ein Stück Kuchen für den Nachmittag. Tee und Mittagessen gab es für alle im Kindergarten für ein paar Pfennig. Der Platz selbst war kostenfrei und stand jedem Kind zu.

Chronik

24. Januar 1965
Sir Winston Churchill stirbt 90-jährig an den Folgen eines Schlaganfalls. Großbritannien verliert mit ihm seinen herausragendsten Politiker des Jahrhunderts.

7. März 1965
Walter Ulbricht stattet Ägypten einen Staatsbesuch ab. Daraufhin stellt die BRD ihre Wirtschaftshilfe für das nordafrikanische Land ein. Ägypten bricht am 13. Mai 1965 seine Beziehungen zur BRD ab.

23. April 1965
Der erste Fernsehsatellit der UdSSR, Molnija-1 (Blitz), erreicht seine Umlaufbahn.

16. Juli 1965
Der fast zwölf Kilometer lange Tunnel durch den Mont Blanc wird eröffnet.

August 1965
Der seit Dezember 1963 andauernde „Auschwitz-Prozess", bei dem 21 ehemalige Bewacher des berüchtigten Vernichtungslagers wegen Massenmordes vor Gericht stehen, geht zu Ende. Sechs ehemalige SS-Männer werden zu lebenslanger, elf zu zeitlich begrenzter Haft verurteilt. Drei werden freigesprochen.

10. März 1966
In Amsterdam heiratet die niederländische Kronprinzessin Beatrix den deutschen Diplomaten Claus von Amsberg. Wegen der Herkunft des Bräutigams gibt es einige Missfallensäußerungen auf den Straßen.

8. April 1966
Leonid Breschnew wird zum Generalsekretär der „Kommunistischen Partei der Sowjetunion" KPdSU ernannt.

20. November 1966
Der Schweizer Kanton Zürich stimmt in einer Volksabstimmung gegen das Frauenwahlrecht.

19. April 1967
Konrad Adenauer stirbt im Alter von 91 Jahren. Unter seiner 14-jährigen Kanzlerschaft wurde aus dem zerschlagenen Nachkriegsdeutschland die drittstärkste Wirtschaftsmacht der Welt.

9. Oktober 1967
Ernesto „Che" Guevara, früherer Kampfgefährte Fidel Castros, wird im bolivianischen Dschungel von zwei Offizieren erschossen.

Fototermin im Kindergarten.

In Zweierreihen

Der Gang in den Kindergarten war für uns wie für die Erwachsenen der Weg zur Arbeit. Oft standen wir genauso früh auf und hatten ein ähnliches Tagespensum zu erledigen. Am Vormittag gab es „Beschäftigung", das hieß malen, ausschneiden, singen, turnen und – in der großen Gruppe – zählen. Manchmal sahen wir uns auch – wo verfügbar – einen Märchenfilm auf Leinwand an. So übten wir frühzeitig das Stillsitzen. War das Wetter schön, spielten wir im Sandkasten mit Schaufel, Eimer und Sieb oder übten, den Kletterpilz mit roter Kappe und weißen Punkten zu erklimmen. Gingen wir im Park oder im nahe gelegenen Wald spazieren, dann schön in Zweierreihe, den Nachbarn am Händchen. Nur wenige von uns waren „Mittagskinder".

Wir bauten nach dem Essen und Händewaschen unsere Liegen im Schlafraum auf. Wer das noch nicht konnte, bekam Hilfe, und bald konnten wir es allein. Die Kindertanten lasen uns aus dem Märchenbuch der Gebrüder Grimm vor. Wir stellten uns vor, wie wir das Rotkäppchen vor dem bösen Wolf warnen könnten, litten mit Hänsel und Gretel und hofften, dass die alte Geiß den Bauch noch rechtzeitig zunähen konnte. Schön war es, wenn wir am Nachmittag, nach dem Kaffeetrinken, verkünden konnten: „Ich werde abgeholt!"

Wenn die großen Geschwister in die Schule kommen, gehen wir nicht leer aus.

Arbeiten wie die Großen.

Arztkoffer und Friseur

Ob im Kindergarten oder zu Hause – wir hatten zum Spielen fast immer Gesellschaft, egal ob wir gerade zu Verkäufern, Autofahrern oder Puppenmüttern wurden. Viele Mädchen hatten den Traumberuf Friseuse. Da wurden die Puppen bis zum Haarausfall gekämmt, bekamen Zöpfe geflochten oder im Extremfall wurden die langen Haare kurz geschnitten. Engagierte Nachwuchsfriseusen durften ihr Talent sogar mal bei Mama oder einer sehr geduldigen Erzieherin testen. Unter den Jungen standen Berufe wie Lokführer, Polizist oder Indianer hoch im Kurs. Wer die meisten Federn mittels Schlüpfergummi am Kopf befestigen konnte, der war Häuptling und sagte: „Howgh! Ich habe gesprochen."

Bei Männlein und Weiblein gleichermaßen beliebte Utensilien waren der Arztkoffer mit Stethoskop, Spiegel und vor allem der Spritze. Da zog so mancher männliche Knirps gern den weißen Kittel an, um die Puppenmutti gleich mal mit zu untersuchen. Und die Nachwuchs-Frau-Doktor schaute, ob nicht nur beim Teddybären sondern auch beim Puppenvater alles in Ordnung war. Praktische Erfahrungen hatten wir ja alle, weil wir von klein auf an die regelmäßigen Pflichtuntersuchungen und die obligatorischen Impftermine gewöhnt waren.

Heute bin ich der Bestimmer!

Und dann der Geburtstag! Vom einen zum anderen dauerte es immer eine Ewigkeit. Wenn es endlich so weit war, konnten wir unser Mitteilungsbedürfnis kaum stillen. „Ich habe heute Geburtstag", teilten wir jedem mit, der es wissen wollte. Auch denen, die es nicht wissen wollten. Die meisten gratulierten uns, einige schenkten uns sogar etwas. Die Bäckersfrau eine Waffel, der Fleischer eine Wiener, Muttis Freundin ein Bonbon aus der Manteltasche.

Im Kindergarten wurden wir mit unserem Stuhl „drei mal hoch" gehoben, bekamen gebastelte Geschenke aus Buntpapier und waren an diesem Tag der Bestimmer darüber, was gespielt wurde. Und kaum eines der Kinder drohte uns an unserem Ehrentag mit „Ich bin nicht mehr dein Freund".

Heute bin ich dein Freund.

Kindergeburtstag und Familienfeier

Die Omas und Opas, Tanten und Onkel kamen meist erst am darauffolgenden Wochenende. Wir trugen unsere schicken neuen Anziehsachen und führten unsere Geschenke vor. Einen gestrickten Anzug für die Lieblingspuppe, einen Luftroller, einen Puppenwagen oder das erste Buch, dessen Seiten nicht mehr aus Pappe, sondern aus empfindlichem Papier waren. Alle beglückwünschten uns dazu, dass wir ja nun mit unseren vier, fünf oder sechs Jahren „ganz große"

Kinder seien. Schnell bemerkten wir die Nachteile. Kaum wollte unsereins die neuen Geschenke einweihen, hieß es: Ein Kind in deinem Alter weiß sich zu benehmen!

Also verharrten wir brav (wir waren ja die Hauptpersonen und gerade erst beschenkt worden), bis die Erwachsenen die Kaffeetafel aufgehoben hatten. Das dauerte manchmal ganz schön lange, denn sie sprachen über irgendwelche Leute und wollten gar nicht wieder aufhören. Anders zur Kindergeburtstagsfeier. Da hatten unsere Muttis ganz schönen Stress, wussten es aber gekonnt zu verbergen. Es gab Torte, Kuchen, Kakao. Abends belegte und garnierte Semmeln. Und wieder war das Geburtstagskind der Bestimmer: Sackhüpfen, Eierlaufen, der Plumpsack geht rum, Ziehe durch die goldne Brücke, Hüpfekästchen, Vier-Ecken-Raten, Kreisel oder die Zehn Gebote (mit dem Ball an die Hauswand) ...

Zum Fasching durften wir uns selbst verwirklichen.

Kindermode ...

... war für uns und unsere Eltern damals ein Fremdwort. Wir bekamen angezogen, was da war. Manchmal waren wir das dritte oder vierte Kind in denselben Sachen; entweder weil wir größere Geschwister hatten oder Mutti eine Arbeitskollegin mit älteren Kindern. Die Jungen hatten es etwas leichter als die Mädchen, zumindest im Sommer. Sie hatten vom großen Bruder oder von irgendwem Lederhosen bekommen, die hielten etliche Kinder aus. Mädchen trugen kaum Hosen – bestenfalls ausgebeulte Trainingshosen beim Schlittenfahren. Ansonsten Röcke, im Sommer solche, die Mutti bügeln musste, und im Winter dicke. Darunter – wer noch keine Strumpfhosen hatte – lange wollene Strümpfe, die mit Strumpfhaltern am Leibchen befestigt waren. Manchmal war das Gegenstück am

Mutti und Oma hatten ein „bestrickendes“ Wesen.

Strumpfhalter abgebrochen, dann wurde ein Knopf dazwischen gesteckt. Gut dran war, wessen Mutter nähen oder stricken konnte. Da hatte dieser ein Kleidungsstück, das wirklich einmalig war, wenn auch die Wolle schon mehrmals aufgetrennt und wieder neu verarbeitet worden war.

Die „guten“ Sonntagssachen

Am Sonntag mussten wir die „guten Sachen“ anziehen. Weiße Kniestrümpfe, die Sonntagsschuhe, weiße Blusen oder Hemden. Da mussten wir schön aufpassen, dass wir uns beim Sonntagsspaziergang nicht dreckig machten. Manchmal kam sonntags Besuch. Da hieß es: „Komm nur mal her in deinen schicken Sachen und zeig dich mal.“ Wir gehorchten, kamen und zeigten uns. Wir führten sogar vor, wie gut wir einen höflichen Knicks oder Diener drauf hatten. Und ordentliche Frisuren waren damals wichtig. Wer kurze Haare hatte, dem schnitt der Friseur für eine Mark Fasson oder Bubikopf. Den Mädchen mit langen Haaren zauberte Mutti jeden morgen Rattenschwänze, Zöpfe, Affen-schaukeln oder ein Vogelnest.

Sie waren wirklich schick, unsere Schürzen.

Von Schürzen und Dampfbädern

Eines der wichtigsten Kleidungsstücke unserer Kindheit war die Schürze, die das Kleckerlätzchen nahtlos ablöste. Frauen und Kinder trugen fast immer und überall welche, um die Kleidung zu schützen, und damit nicht so viel Dreckwäsche anfiel. Unter den Männern gab es ein paar Alte, die an ihrer blauen Arbeitsschürze festhielten. Ob im Kindergarten, zu Hause oder draußen beim Spielen – „eine Schürze umzubinden" war obligatorisch. Waren es anfangs noch die Bindeschürzen, die das Bild bestimmten, so hielten in den 60er-Jahren die modernen Dederon-Kittelschürzen Einzug.

Ein Taschentuch in der Schürzentasche zu haben, war oberstes Gebot. Natürlich kein Zellstofftaschentuch – die gab es damals noch gar nicht. Unsere gebügelten, sorgsam gefalteten Taschentücher trugen Bilder von Herrn Fuchs und Frau Elster, vom tapferen Schneiderlein oder Dornröschen. Wenn wir so richtig den „Rotz" hatten, nahmen wir Klopapier oder – wer hatte – Zellstoff. Egal, die Nase machte beides wund. Außerdem wurden wir unters Kamilledampfbad gesteckt. Das war aber nicht die heutige Light-Variante mit gesichtsgroßem Plastikinhalator. Nein, das war eine echte Emailleschüssel mit heißem Wasser und der Dampf erhitzte den ganzen Oberkörper. Über das Ganze kam nicht nur ein Handtuch, sondern auch noch eine Wolldecke. Da gab es kein Jammern, wir wussten, wir müssen da durch. Hat ja auch super geholfen!

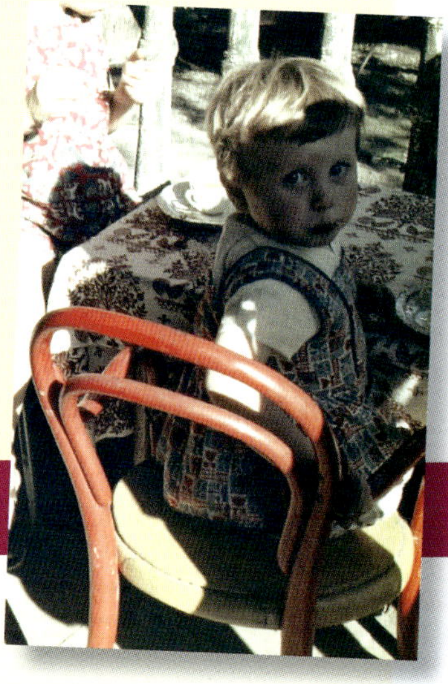

Schürzen waren bei Jungen und Mädchen beliebt.

Die Sirene läutete das Wochenende ein

Der Samstag war zu dieser Zeit für unsere Eltern ein halber Arbeitstag. Spätestens wenn Sonnabendmittag um eins allerorten die Sirene zu Testzwecken aufheulte, setzten die unvergessenen Rituale der Sonntagsvorbereitungen ein. Es roch nach Bohnerwachs und frisch gebackenem Kuchen, gegen Abend duftete der Sonntagsbraten aus dem Ofen. Wer nicht schon freitags gebadet hatte, dem zog der Geruch des orangefarbenen Badesalzes Bölosan in die Nase. Für manchen von uns mag auch Großvaters Zigarre das Symbol dieses besonderen Wochentages gewesen sein.

Allmählich begann die wissenschaftlich-technische Revolution Einzug zu halten, was wir mit interessierten Blicken verfolgten. Plötzlich wurde die Butter

Aus Schilfmatten bauten wir unsere „Bude“.

nicht mehr auf der Kellertreppe oder im Wandschrank gelagert – sie kam in den neuen Kühlschrank. Der gemütliche Küchenherd mit der Holzkiste darunter, in dem das Feuer so schön prasselte, wich einem modernen Gasherd. In der Stadt gab es Stadtgas, auf dem Dorf stand die rote Propangasflasche hinter dem Vorhang. Der Rondo- oder Kosta-Bohnenkaffee für die Großen, den wir bis dahin allzu gern durch die alte Kaffeemühle gemahlen haben (wobei der Inhalt des Schubkastens uns zeigte, wie fleißig wir geleiert hatten), kam jetzt in den Aufsatz vom „Komet“ und war ruckzuck zerkleinert.

Eier in Spitztüten

Die zahlreichen Spitztüten, die beim Einkauf anfielen, dienten generell als Feueranzünder. In ihnen wurden Zucker, Mohn, saure Gurken und Sauerkraut (was immer durchweichte!) oder lose Bonbons abgewogen. Den Einkauf schleppte man in der großen Tasche oder im Netz heim oder lud alles auf den Handwagen. In die Tüten wurden auch die Eier verpackt, die mussten oben drauf gelegt werden, damit sie nicht kaputt gingen. Trotzdem war manchmal alles mit Eiermatsch eingesaut. Apropos Eier: Selbst die Eierschalen landeten zu unserer Zeit nicht sofort im Aschekübel; die kamen erst mal ins Blumengießwasser zum Düngen.

Erst später sollten Eierverpackungen aus „Quietschwatte“ (Styropor) die Läden erobern. In den Städten endeten sie recht bald im Müll. Die Dorfläden

nahmen sie dankbar zurück, denn sie bezogen nach wie vor Eier von glücklichen Hühnern, und die Verkäuferinnen waren stolz, wenn sie der Kundschaft modernen Verpackungsstandard bieten konnten. Eben diese „Quietschwatte-Eierverpackungen" bildeten übrigens die Grundlage für ein besonderes Kapitel kreativen Schaffens. Wir bastelten aus ihnen (sowie aus einem Luftballon, Heftpflaster, viel Klopapier, Tapetenkleister und einer Haarnadel) herrliche übergroße Sparschweine. Die vererbten wir später unseren Kindern, die darin Einträge und schlechte Klassenarbeiten bunkern konnten.

Noch war das Radio wichtiger als das Fernsehen.

Mit dem Ohr am Weltgeschehen

Wenn heute im Fernsehen stundenlange Übertragungen von Sportereignissen laufen und sich die Mahlzeiten nach dem Beginn eines Spieles richten, so denken wir an die Zeit zurück, als unsere Väter vor dem Radio hockten und gespannt den schnell sprechenden Kommentatoren lauschten. Vor allem zur Fußballzeit am Samstagnachmittag. Da mussten wir schön still sein, uns am besten in eine Ecke verkriechen und warten, bis alles vorbei war. Nichts war schlimmer, als in dem Augenblick die Aufmerksamkeit auf sich zu ziehen, in dem Vaters Lieblingsmannschaft am Verlieren war und gerade ein Tor fiel.

Überhaupt dudelte der Empfänger den ganzen Tag. Wenn ein Fernsehgerät in der Wohnung stand, so sendete dieses erst in den Abendstunden sein Programm aus. Tagsüber bezog man alle Neuigkeiten aus dem Radio und zur Unterhaltung gab es viele Hörspiele. Die waren spannend, und je nachdem, ob wir sie verstanden, fieberten wir mit oder litten darunter, dass wir die Klappe zu halten hatten. Aber auch wir hatten unsere festen Radiozeiten; in der Frühe hieß es: „Was ist denn heut bei Findigs los?", am Vormittag hörten wir das „Butzemannhaus" mit Käpt'n Briese und die Fortsetzungsreihe „Neumann, Zwei Mal klingeln".

Großereignis Friedensfahrt.

Der familiäre Musikgeschmack prägte

Je nach Musikgeschmack unserer Eltern hörten wir Drafi Deutscher mit „Marmor, Stein und Eisen bricht“, Frank Sinatras „Strangers in the night“, „Yellow submarine“ von den Beatles und den guten Rat von Wencke Myhre: „Beiß nicht gleich in jeden Apfel“. Zu bestimmten (in manchen Familien „heiligen“) Zeiten liefen Operettenhits, Opernchöre oder Bach-, Mozart-, Haydn-, Beethoven- und andere Konzerte, was bei etlichen von uns das Gehör für Klassik sensibilisierte. Mancher Vater flippte beim „Radetzky-Marsch“ fast aus, während die Mutter bei Heintjes „Mama“ das Taschentuch zückte.

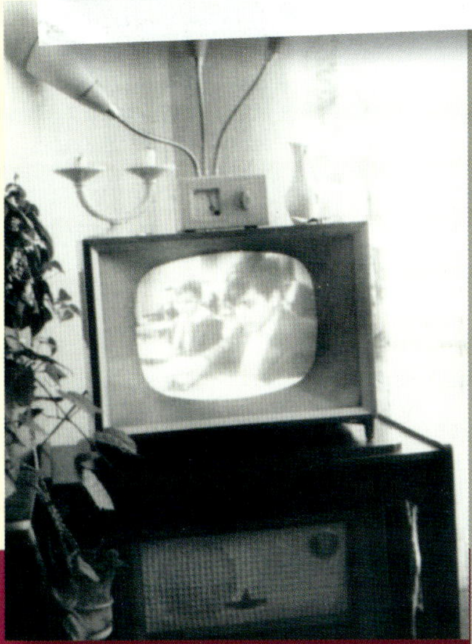

Hightech-Ecke einschließlich Stromregler und Westempfang.

Kinderlieder zum Einschlafen

Wo in heutigen Kinderzimmern elektronische Geräte das Terrain erobern, bezauberte uns neben dem Radio vor allem Mutters oder Omas Stimme. Sie sangen uns die uralten Volkslieder vor. Auch solche, die wir später in der Schule nicht mehr sangen. „Die Gedanken sind frei“ oder das Lied von der Magd, die ihrem Herrn Grafen auf den Leim gegangen war. Überhaupt wurde viel und bei jeder Gelegenheit gesungen. Mit „Backe, backe Kuchen“, „ABC – die Katze lief im Schnee“ oder „Häschen in der Grube“ sind wir förmlich aufgewachsen. Gefolgt von dem Lied, wonach man bei Rot stehen bleiben muss und bei Grün gehen darf, oder dem vom Volkspolizisten; da hieß es am Ende: „... und wenn ich mal groß bin, damit ihr es wisst, dann werde ich auch so ein Volkspolizist“.

Konsummarken

In jeder Ortschaft hatten wir einen Konsum und keiner brauchte wegen der Grundnahrungsmittel in die Stadt zu fahren. Etwa ein Drittel der Bevölkerung war Mitglied in der Genossenschaft. Jeder konnte im Konsum einkaufen, doch nur die Mitglieder erhielten eine Rückvergütung. Dazu wurden kleine bunte Rabattmarken im Wert der Einkäufe ausgegeben. Diese bewahrten unsere Eltern sorgsam auf und klebten sie in das eigens dafür vorgesehene Heftchen. Wir halfen gern beim Einkleben, aber unser Drang nach bunten Seiten war dabei nicht dienlich. So manche Mutter raufte sich die Haare, löste alle Marken wieder ab und klebte sie sortenrein auf. Das erhaltene Geld wurde für größere Anschaffungen zurückgelegt.

Grüne Brause und Club-Cola

Zu unserer Kindheit gab es nicht irgendwelche flüssigen Gemische aus unzähligen Zusatzstoffen und mit fantasievollen Namen. Im Alltag tranken wir üblicherweise Tee, wahlweise Feld-Wald-und-Wiese oder Pfefferminztee. Zu besonderen Anlässen bekamen wir leckere Fassbrause. Rote, gelbe, weiße und vor allem die grüne! Im Laufe der 70er-Jahre wich die Farbenpracht dem Gelb von Obella, Zitruska oder Mandora sowie dem Braun von Club-, Asco- oder Vita-Cola. Unter dem Eindruck dieser Neuheiten bemerkten wir erst nach geraumer Zeit, dass die Farbe Grün aus unserem Lebensmittelangebot gänzlich verschwunden war, selbst Götterspeisepulver gab es nur noch in Rot und Gelb. Warum?

Waldmeister, so hieß es, sei krebserregend. Wahrscheinlicher war aber, dass die hiesigen Waldmeister-Erträge nur noch für den Export ins NSW (nicht sozialistisches Wirt-

Nach dem Umzug zum Kindertag gab es meistens Fassbrause.

schaftsgebiet) ausreichten. Vielleicht war die Pflanze auch der chemisch-land-und-forstwirtschaftlichen Revolution zum Opfer gefallen oder es gab schlichtweg keine Leute mehr, die den Waldmeister kannten. Als später auch noch die rote Brause weitgehend aus den Regalen und von den Theken verschwand, fragte keiner mehr, warum. So vieles war inzwischen verschwunden: Kokos- und Erdnüsse, Tomatenketchup und Pflaumenmus. Aber die Farbe Grün hat für unsere Generation bis heute eine magische Anziehungskraft, ob als Brause(-pulver), Wackelpudding oder Lebensmittelfarbe im Kuchen.

In vier Farben und in allen Größen gab es die Dreieckbadehose.

Gummischwimmring und Dreieckbadehose

Ob wir Sportasse waren, ob wir schwimmen konnten oder nicht – Wasserratten waren wir allemal! Ein Sommer ohne Badespaß war fast undenkbar. Wer nicht das Glück hatte, an der Ostsee, der Mecklenburger oder Berliner Seenplatte, in der Nähe eines Stau- oder Baggersees zu wohnen, bekam 25 Pfennig Eintrittsgeld fürs Freibad. Oder es ging zu Fuß oder mit dem Fahrrad ein paar Kilometer bis zum nächsten Teich. Schwimmärmel oder Schwimmhilfen aus Styropor kannten wir nicht. Aber aufblasbare Schwimmtiere hatten wir durchaus; die waren aus solidem Gummi und wurden notfalls mit Reifenflickzeug repariert.

Als die Zeiten der frühkindlichen Nacktbaderei vorbei waren, hatten wir genügend Wechselsachen dabei. Sich umzuziehen, war gar nicht so einfach. Abgesehen vom Freibad, wo wir uns in der Kabine umzogen. Während die Mädchen sich gegenseitig vor gefährlichen Blicken mittels vorgehaltenem Handtuch zu schützen versuchten, kam den Jungen ein sehr praktisches Kleidungsstück zugute: Die Dreieckbadehose. Sie bestand aus zwei am Zwickel miteinander vereinten Dreiecken, die am Seitenschenkel ebenfalls verbunden waren. Lediglich an der rechten Hüfte war das Teil auf- und zuzubinden. Es brauchte zwar etwas Geschick, die „Dreiecker“ unter der Turnhose zu wechseln, aber dafür blieb alles verhüllt, was nicht ans Tageslicht durfte. Die Dreiecker gab es übrigens in jeder Größe und vielfältigem Design – rot, blau, grün und schwarz, jeweils mit weißem Rand und Bindebändern auf der Seite.

Timur und Schrottlieb

Schulanfang mit großer Zuckertüte.

Zuckertüte und Ranzen

Wie jedes Schuljahr in der DDR, so begann auch unser erstes am 1. September. Genauer gesagt war es für die vor dem 31. Mai Geborenen der 2. September, weil der Monatserste 1968 ein Sonntag war. Die nach dem Stichtag Geborenen durften sich im Kindergarten weiter auf Rechnen und Schreiben vorbereiten und kamen erst ein Jahr später in die Schule. Sie blieben vorerst die Kleinen, obwohl sie in der Gruppe der Großen waren. Dafür waren sie in der Schulklasse stolz, die Ältesten zu sein.

Chronik

12. Januar 1968
Die Volkskammer der DDR verabschiedet ein neues Strafgesetzbuch. Laut §213 gilt der unerlaubte Grenzübertritt (die sogenannte „Republikflucht") als Verbrechen.

30. Mai 1968
Trotz massiver Proteste wird um 11 Uhr die Leipziger Universitätskirche gesprengt.

20./21. August 1968
Truppen des Warschauer Vertrages marschieren in die ČSSR ein und schlagen den „Prager Frühling" nieder. Damit scheitern die Reformversuche Alexander Dubceks.

8. April 1968
Die neue Verfassung der DDR tritt in Kraft. Sie schreibt die führende Rolle der SED fest und bestimmt die DDR als „sozialistischen Staat deutscher Nation".

29. September 1969
Die DDR unterzeichnet den Atomwaffensperrvertrag.

3. Oktober 1969
Das zweite Fernsehprogramm der DDR beginnt mit seinen Sendungen. Vorerst nur auf diesem Programm wurden Farbsendungen im SECAM-Code ausgestrahlt. Die bundesdeutsche PAL-Codierung konnte damit nicht empfangen werden. Findige Techniker rüsteten jedoch bald die Fernsehgeräte nach, bis dann auch in der DDR PAL/SECAM-fähige Geräte angeboten wurden.

19. März 1970
Die Beziehungen der beiden deutschen Staaten nehmen neue Gestalt an. Der Bundeskanzler der BRD, Willy Brandt, trifft sich in Erfurt mit dem Ministerpräsidenten der DDR Willi Stoph. Das zweite Treffen findet am 21. Mai 1970 in Kassel statt.

3. September 1971
Das Viermächteabkommen über Berlin wird durch die Botschafter der USA, UdSSR, Großbritanniens und Frankreichs unterzeichnet.

17. Dezember 1971
Egon Bahr, Staatssekretär im Bundeskanzleramt der BRD, und Michael Kohl, Staatssekretär beim Ministerrat der DDR, unterzeichnen das Abkommen über den Transitverkehr zwischen BRD und DDR.

Selbst die Zerschlagung des Prager Frühlings durch Truppen des Warschauer Vertrages im August 1968 oder der Einmarsch britischer Truppen in Nordirland am 14. August 1969 konnte uns von unserer ersten großen Familienfeier anlässlich unserer Einschulung nicht abhalten. Sollten unsere Eltern von diesen Ereignissen beunruhigt gewesen sein, so hielten sie es gekonnt vor uns verborgen. Stolz und mit Herzklopfen zogen wir mit der Familie am Samstag vor dem offiziellen Schulbeginn mit dem neuen Ranzen zur Schule, um das lang ersehnte Objekt der Begierde – die Zuckertüte – in Empfang zu nehmen. Unsere Eltern hatten alles mobilisiert, damit sie prall gefüllt war. Da wanderte vorher so manche Leckerei heimlich unter dem Ladentisch in Muttis Hand. Nach der offiziellen Zeremonie gab es die gemütliche Feier im Familienkreis mit Geschenken von Verwandten und aus der Nachbarschaft.

Der Ernst des Lebens

Nun begann der Ernst des Lebens. In den Städten flößten uns die großen Schulen mit ihren Schülern von der ersten bis zur zehnten Klasse Respekt ein. Auf dem Land dagegen gab es viele kleine Dorfschulen mit nur wenigen Klassenräumen und Schülern.

In manchen teilten sich sogar Schüler verschiedener Klassenstufen ein Klassenzimmer. Das änderte sich spätestens am Ende der Unterstufenzeit, als die ländlichen Schulen zusammengeführt und zentral neue Schulen gebaut wurden. Nun gab es überall Polytechnische Oberschulen mit naturwissenschaftlich-technischem Schwerpunkt.

Bienchen, Bohrer, Häkelnadel

Von jetzt an lernten wir fürs Leben, durften allein über die Straße gehen und unser Mittagessen bezahlen: 55 Pfennig pro Mahlzeit, von der ersten bis zur zehnten Klasse. Jeder Schüler konnte an der kostengünstigen Schulspeisung teilnehmen und hatte so ein warmes Mittagessen im Bauch.

Nach wenigen Wochen angestrengter Schreiblernversuche zeigten die ersten Bienchen im Heft, dass wir es schaffen würden, die Welt der Zahlen und Buchstaben zu durchschauen. Unsere Lehrer mühten sich redlich, neben Mathematikern und Germanisten auch Kleingärtner, Sportler, Musiker und Kunstmaler aus uns zu machen. Mit mehr oder weniger Erfolg. Den weniger Erfolgreichen halfen die Erfolgreicheren mit Lernpatenschaften.

Die klassische Rollenverteilung – der Mann geht arbeiten und ernährt die Familie, die Frau kümmert sich um Haushalt und Kinder – hatte für die meisten von uns keine Wirksamkeit. Später würden wir alle einen Beruf ergreifen und auf eigenen Füßen stehen. Gleichberechtigung wurde in der DDR großgeschrieben. Zwar wurde sie nicht immer praktiziert, aber in der Schule schon. Und so lernten die Mädchen gemeinsam mit den Jungen im Werkunterricht mit Säge, Feile, und Bohrer umzugehen. Vogelhäuschen und Nistkästen, Schlüsselbretter und Ofenkratzer schenkten wir Eltern oder Verwandten voller Stolz zu Weihnachten.

Damit die Jungen später einen Knopf annähen oder ein Loch stopfen konnten, erweiterten wir alle in der vierten Klasse unsere Fähigkeiten im Nadelarbeitsunterricht. Sogar mit Stricken und Häkeln mühten wir uns ab und einen selbst bestickten und genähten Turnbeutel nannte jeder am Ende des Schuljahres sein Eigen. Natürlich haben wir dabei gemogelt und manche Mutti legte selbst Hand an, um ein ansehnliches Werk entstehen zu lassen.

Fleischsalat aus dem Pappeimer

Wer von uns 62er-Ossis heute seine gereinigten Verpackungsüberreste in den Grünen Punkt, den Gelben Sack, den „Wertstoffmüll“ (oder wie es gerade heißen mag) einsortiert, kommt manchmal mächtig ins Grübeln. Joghurt-, Fleischsalat- und Wackelpuddingbecher. Praktische Tetrapacks von der Milch, dem O-Saft oder von „dem, was Kinder brauchen“. Dazu die Weichspülerflaschen, die Plastiktüte vom chinesischen Pfannengemüse oder die Folie von der original Thüringer Kloßmasse. Wir erkennen, was Generationen vor uns erkannt haben: Früher war alles ganz anders und vor allem viel besser! Heutzutage sind „Tetrapacks“ überhaupt keine. In wirklichen „Tetrapacks“ gab es in unserer Jugendzeit Kondensmilch.

***Joghurt:** Der kam bei uns in den Siebzigern auf! Pure Natur in der Glasflasche.*

***Fleischsalat:** Der wurde (sofern welcher geliefert war) aus Fünf-Kilo-Pappeimern verkauft und im Pappbecher nach Hause getragen. Die leeren, gesäuberten Eimer dienten schließlich als Papierkorb, der mit Bildern von Schlagersängern oder Westschokolade beklebt war.*

***Wackelpudding:** Die Götterspeise haben wir selber gekocht und vier Stunden gekühlt, damit sie fest wurde (und die Papiertüten kamen in den Ofen).*

***Senf:** Senfbecher fielen nicht an, Senf gab es zum Teil lose und wurde in mitgebrachte Behältnisse abgefüllt.*

***Milch:** Die gab es erst im Krug aus der Milchkanne, später in Pfandflaschen. Anfangs war ein schnöder Pappdeckel mit dem Aufdruck des aktuellen Wochentages darauf.*

***O-Saft:** Ein Fremdwort für uns! Die O-Früchte hießen Apfelsinen (ebenso wie die Grapefruits Pampelmusen heißen), und die waren viel zu kostbar, um sie zu versaften. Es sei denn, es waren Kuba-Orangen. Deren Schalen brannten übrigens auch.*

***Die Kloßkartoffeln** rieb man in Thüringen ohnehin selber. Und anstelle von **Wegwerfwindeln**, **Tempotaschentüchern** und **Küchentüchern** hatte der große Wäschekochtopf seine Daseinsberechtigung, bis er dem Fortschritt wich.*

Hortkinder und Schlüsselkinder

Damit keiner nach der Schule auf dumme Gedanken kam, sorgten die Hortnerinnen dafür, dass wir zuerst die Hausaufgaben erledigten und anschließend unsere Freizeit sinnvoll mit gemeinsamen Spielen, Basteln, Sport oder Filmvorführungen gestalteten. So brauchten sich unsere berufstätigen Mütter keine Sorgen um ihre Sprösslinge zu machen und konnten beruhigt ihren Beitrag zum Familieneinkommen und zur Erfüllung des Fünfjahrplanes leisten.

Unsere Eltern auf Betriebsausflug.

Die meisten von uns waren Hortkinder. Einige allerdings – und die beäugten wir Hortkinder durchaus neidisch ob ihrer Selbstständigkeit – trugen den Wohnungsschlüssel an einem Band um den Hals. Natürlich nicht unter, sondern überm Nicky, sodass alle es sehen konnten. Das waren die Schlüsselkinder. Gern hätte unsereins ihre Freiheiten ausgekostet – einfach mal eine halbe Stunde Herr der Zweieinhalb-Zimmer-Wohnung zu sein und mit Freunden die Sau rauszulassen. Aber Schlüsselkinder waren gut erzogen ...

Unsere Hortnerinnen rauften sich manchmal die Haare, weil wir wieder irgendeinen streunenden Hund am Strick oder eine Blindschleiche in der Hosentasche hatten. Wahlweise riefen sie bekannte Hundefreunde (Tierheime gab es nicht) oder das Phyletische Museum (den Revierförster) an. Irgendwer kümmerte sich um unsere Mitbringsel.

Wir Jungpioniere

In den ersten Wochen begann jeder Tag mit einem Morgenlied, jede Unterrichtsstunde mit dem im Chor gesprochenen Gruß „Guten Morgen" oder – ab der dritten Stunde – mit „Guten Tag". Bald gehörten wir zu den Jungpionieren.

Zum Pioniergeburtstag am 13. Dezember überreichten uns nämlich die Thälmann-Pioniere feierlich und mit großem Kulturprogramm das Halstuch samt Pionierausweis und Statut. Fortan gehörten wir zur „großen Familie der Werktätigen der Deutschen Demokratischen Republik, die in der Nationalen Front des demokratischen Deutschland für das Glück des ganzen Volkes zusammenwirken" (Zitat aus dem Statut der Pionierorganisation). Zum Unterrichtsbeginn machten wir ordentlich Meldung sprachen den Pioniergruß. Ein Auserwählter durfte vor der Klasse stehen, alle zum „Stillgestanden"

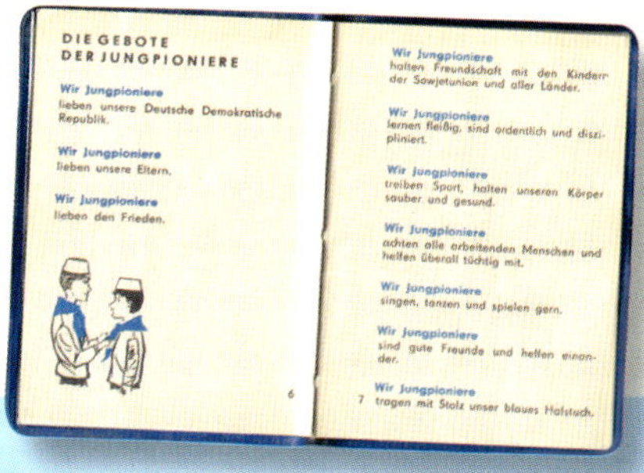

DIE GEBOTE DER JUNGPIONIERE

Wir Jungpioniere
lieben unsere Deutsche Demokratische Republik.

Wir Jungpioniere
lieben unsere Eltern.

Wir Jungpioniere
lieben den Frieden.

6

Wir Jungpioniere
halten Freundschaft mit den Kindern der Sowjetunion und aller Länder.

Wir Jungpioniere
lernen fleißig, sind ordentlich und diszipliniert.

Wir Jungpioniere
treiben Sport, halten unseren Körper sauber und gesund.

Wir Jungpioniere
achten alle arbeitenden Menschen und helfen überall tüchtig mit.

Wir Jungpioniere
singen, tanzen und spielen gern.

Wir Jungpioniere
sind gute Freunde und helfen einander.

Wir Jungpioniere
tragen mit Stolz unser blaues Halstuch.

7

Unser Pionierausweis.

Sport im kollektiven Outfit machte meistens Spaß.

auffordern und sagen: „Für Frieden und Sozialismus seid bereit!“, worauf die Klasse antwortete: „Immer bereit!“.

Geschmückt mit blauem Tuch um den Hals gingen wir regelmäßig zu den Pioniernachmittagen. Wir erfuhren, dass wir mit dem Sammeln von Altpapier, Flaschen und Gläsern die Solidaritätskasse auffüllen und damit den Opfern von Diktaturen in dieser Welt helfen und gegen den Krieg in Vietnam protestieren konnten. Außerdem lernten wir, dass Ordnung, Disziplin und Respekt gegenüber Älteren ein harmonisches Miteinander in der Gesellschaft fördert.

Unsere Patenbrigaden

Jede Schulklasse hatte eine Patenbrigade aus Industrie oder Landwirtschaft. Durch Besuche an deren Arbeitsplatz erhielten wir schon bald Einblick in das Leben der Werktätigen. Eine Delegation der Arbeiter oder Bauern kam regelmäßig in die Schule und kontrollierte, ob auch jeder seiner Lernaufgabe nachkam. Zum Kindertag beschenkten sie uns und wir dankten für die Fürsorge mit einstudierten Liedern, Gedichten und Laienspielen zum Frauentag, zum Tag der Republik und zur Weihnachtsfeier.

Helden und Prinzessinnen

Während unserer Unterstufenzeit landeten die Amerikaner auf dem Mond, kämpften Vietnam gegen die USA und die Kolonialstaaten um ihre Unabhängigkeit. Willy Brandt wurde zum ersten sozialdemokratischen Kanzler der BRD gewählt und traf sich mit unserem Ministerpräsidenten Willi Stoph. Doch die große Weltpolitik interessierte uns wenig. Lieber lasen wir die „Frösi", „Atze" oder „Mosaik". Und wer schon einen Fernseher zu Hause oder einen guten Freund mit einem solchen hatte, schaute am Wochenende „Professor Flimmrich" oder „Zu Besuch im Märchenland" mit Pittiplatsch, Schnatterinchen und Meister Nadelöhr. Die Mädchen verliebten sich in die Prinzen der DEFA- und sowjetischen Märchenfilme, die Jungen waren die Helden aus „Vier Panzersoldaten und ein Hund" oder den Indianerfilmen mit Gojko Mitic. War der Empfang gut, sah der eine oder andere auch Pierre Brice und Lex Barker davonreiten, verfolgte die Abenteuer von Lederstrumpf oder von Lucas und Jim Knopf aus der Augsburger Puppenkiste. Aber ganz heimlich, denn Westfernsehen war nicht erlaubt.

Als es noch richtig Schnee gab ...

Im Winter lag fast jedes Jahr noch richtig Schnee. Dann holten wir unsere „Bretter" mit Seilbindung heraus und ab ging es, den nächsten Hügel hinab. Und mühsam wieder hinauf. Oder eine heftige Schneeballschlacht tobte. Dann seiften wir uns gegenseitig ein und kamen nass und durchfroren nach Hause.

Schelte oder ein Satz „heiße Ohren" waren die Folge, weil die Winterjoppe bis zum nächsten Morgen unmöglich trocken sein würde. Das Schlittenfahren liebten wir besonders. Im Bob, also mehrere Schlitten aneinandergehängt, sausten wir den Berg hinab. Wenn wir zu viel Schwung hatten, landete auch schon mal der Erste im Bach. Und wenn die Teiche zugefroren waren, wurde alles, was einigermaßen nach Schlittschuh aussah, angeschnallt. Dann drehten die Mädchen ihre Runden und die Jungen spielten Eishockey.

Kleiderordnung zum Schlittenfahren: Wollrock und Wintermantel.

Für die meisten nur ein Traum: der Wartburg-Tourist.

Sommerferien

Wenn wir Glück hatten, gab es eine Urlaubsfahrt mit der Bahn oder dem Bus, denn nur wenige hatten einen „Trabbi“, „Wartburg“ oder gar „Wolga“. Das Glück bestand darin, dass unsere Eltern einen der begehrten und preisgünstigen FDGB- oder Betriebsferienplätze ergattert hatten. Dann gab es 14 Tage Erholung. Mutti musste nicht kochen, denn es gab Vollverpflegung; Vati hatte genug Mitspieler beim Volleyball und Kartenspiel und wir Kinder tobten mit Altersgenossen durchs Gelände oder gingen gemeinsam schwimmen. Abends spielte eine Theatergruppe, ein anderes Mal sahen wir den Erwachsenen beim Tanz mit Musikkapelle zu. Irgendwie schienen alle zu einer Familie zu gehören. Alternativen zur gemeinsamen Familienreise waren die Ferienlager. Wir schliefen in Zelten oder Baracken und erlebten so manches Abenteuer. Und wer gar nicht verreiste, ging in die Ferienspiele. Genug Spielkameraden gab es zu jeder Zeit.

Freude auf Weihnachten

Die Vorbereitung auf das Weihnachtsfest begann in der ersten Adventswoche. Erst dann wurden die Geschäfte weihnachtlich geschmückt, zogen Schokoladenweihnachtsmänner in die Schaufenster ein und der Duft von Lebkuchen in unsere Nasen.

Über die Bedeutung von Weihnachten machten wir uns kaum Gedanken. Viele unserer Altersgenossen wuchsen ohne Religion auf und hatten ihr Wissen von den Großeltern. Die wenigen Mitschüler, die sonntags zum Gottesdienst gingen, galten als Exoten oder Rückschrittliche. Sie besuchten die Christenlehre, holten traditionell das Osterwasser und studierten das Krippenspiel ein. Auf dem Lande wurden Traditionen eher gepflegt als in den Städten. In der Schule wurde darüber nicht gesprochen, aber unsereins unterhielt sich beim Fußball, beim Mutter-Vater-Kind-Spiel, beim Misthaufenspringen oder sonst wo über alles Mögliche. Uns gefiel die Vorweihnachtszeit, weil sie mit viel Heimlichkeit verbunden war und wir uns selbst Gedanken machten, was wir unseren Lieben schenken konnten. Für uns war Weihnachten das Fest der Familie mit Geschenken und Naschereien, die es das ganze Jahr über nicht gab.

Eine Apfelsine pro Nase

Die Schneeschuhe gibt's vielleicht zu Weihnachten.

Ob unsere Mütter auch so freudig das Fest erwarteten wie wir, bleibt deren Geheimnis. Nach (und manchmal während) der Arbeit standen sie öfter beim Gemüsehändler oder Fleischer an, um ja etwas Besonderes auf den Tisch bringen zu können. Das Besondere bestand in Schinken und Zunge, Ölsardinen oder Sprotten, Nüssen und Südfrüchten – absolute Mangelware. Apfelsinen gab es ab Anfang der Siebzigerjahre fast nur in der Weihnachtszeit und es war eine Freude, wenn Eltern oder Großeltern nach langem Anstehen eine Zuteilung erhielten und wir den Großteil abbekamen.

Wer in einer Stadt wohnte und Verwandte mit viel Stehvermögen oder Beziehungen zu einer Verkäuferin hatte, konnte ein paar mehr dieser begehrten Südfrüchte verspeisen. Wer hingegen auf den Dorfkonsum angewiesen war, bekam manches Jahr eine Apfelsine pro Nase zugeteilt – man wusste ja, wie viele Personen zu einer Familie gehörten. Wir freuten uns trotzdem. Oder gerade deswegen, denn es war ein wahres Erlebnis, eine Apfelsine oder einen Schokoladen-Hohlkörper zu „schlachten". Anders in Berlin, das für die meisten von uns ebenso unerreichbar war wie Moskau. In der Hauptstadt wurden – so sagte man – Südfrüchte sogar stiegenweise verkauft.

Weihnachtsbaum mit echten Kerzen

Vater war für den Weihnachtsbaum zuständig. Der wurde – zumindest in waldreichen Dörfern – aus dem Wald geholt. Mit der Säge und mit (oder ohne) Genehmigung des Försters. Das Familienoberhaupt schmückte ihn mit den kostbaren silbernen Lauschaer Kugeln und Stanniollametta. Obenauf gab es eine mundgeblasene Spitze, und Kerzen brachten den Baum zum Erleuchten. Das war die Zeit der echten Kerzen. Da musste man höllisch auf die Anordnung der Kerzenhalter achten; es durfte kein Zweig darüber sein, weil es sonst bedrohlich knisterte. Die Brandgefahr hatten unsere Eltern gut im Griff; schlimmer war, dass das Kerzenwachs erbarmungslos tropfte, bis schließlich die „nicht tropfenden" Baumkerzen erfunden waren. Aber tropfend oder nicht – es hat wunderbar geduftet.

Puppenstube und Eisenbahn

Geschenke zu besorgen war gar nicht so leicht. Wir bekamen Kaufmannsladen oder Puppenstube, Holzlaster oder Steckbausteine. Wer einen begeisterten Eisenbahner-Vater hatte, freute sich über die erste elektrische Eisenbahn. Bei manchen hielt die Freude allerdings nicht lange an, weil nur damit gespielt werden durfte, wenn Vater wollte. Besonders frustrierend waren Väter, die echte H0-Spur-Fans waren und ihre Söhne als Alibi benutzten, um als Erwachsene endlich mal spielen zu können. Mutter war einverstanden, dass der Sohnemann für viel Geld eine neue Lok bekam, Vater war glücklich, dass er sie kaufen durfte, und wir begriffen irgendwann, dass wir Papa beim Spielen in Ruhe lassen sollten.

Der technische Fortschritt zieht ein

Wir wuchsen in einer Zeit des enormen technischen Fortschritts auf. Mit unbemannten und bemannten Raumflugkörpern rivalisierten die USA und die UdSSR um die Eroberung des Weltalls.

Der Berliner Fernsehturm (hier noch im Bau) wurde 1969 eröffnet.

Im familiären Bereich löste die „Schwarzenberger" Waschmaschine Waschzuber, Windelkochtopf und Bottichwaschmaschine ab. Zur allgemeinen Erleichterung der Hausarbeit kam die Wäscheschleuder hinzu und als Höhepunkt stand am Ende unserer Kindheit in vielen Badezimmern ein Halbautomat. Elektrische Nähmaschine, Handmixer und – mit viel Beziehung – Kaffeemaschinen zogen in die Haushalte ein.

Zu unserer Zeit ging die Ära des Familienbadetages in Küche oder Wohnzimmers mit mobiler Zinkwanne zu Ende. Wo es möglich war, funktionierten unsere Eltern Abstell- und Speisekammern, ehemalige Stallungen, Bodenkammern oder Kellerräume zu Badezimmern um. In weiß emaillierten, fest installierten Badewannen und mit Fichtennadelduft geschäumtem Wasser waren wir die Kapitäne. Vater brachte den Glutos-Badeofen zum Kochen und Mutter rubbelte uns mit Frottee- oder Malimo-Badetüchern trocken. Am 3. Oktober 1969 wurde der Ostberliner Fernsehturm eröffnet und gleichzeitig begann das zweite Fernsehprogramm der DDR. Mit einem Bildungsprogramm bot es gerade für den Unterricht neue Möglichkeiten der Information.

Plaste und Elaste aus Schkopau

In Anbetracht des stetigen Rohstoffmangels wurden sogar republikweit die Aufkaufpreise angehoben. Mit Erfolg für die Wirtschaft, für unsere Sparbüchsen und für die nebenberuflichen Altstoffhändler. Ein besonders wertvoller Sekundärrohstoff war Metall. Das wussten wir spätestens vom „Schrottlieb", der mit erhobenem Zeigefinger mahnte: „Schrott ist wertvoll, denke dran!"

Weichspüler gab es (oder meistens nicht) erst nach Schrottliebs Zeiten und war in Plasteflaschen. Wer Wofalor erstanden hatte, warf die schicke blaue Flasche nicht etwa weg – nein, die wurde oben abgeschnitten, beklebt und zur Blumenvase umfunktioniert. Natürlich faszinierte es uns, als die Hart- und Weichplaste-Erzeugnisse Einzug hielten. Zu den ersten Designermodellen dürften die Fitflaschen und die fürs Sonnenblumenöl gehört haben. Allerdings waren die Städter den Dörflern stets ein paar Schritte voraus, da gab es sogar die Milch in Plastetüten. Die kamen in den Abwasch, denn sie waren begehrte, haushaltsinterne Verpackungen.

In dieser Zeit lernten wir in der Schule oder am Pioniernachmittag viel über den wirtschaftlichen Fortschritt in der DDR, und selbst die Transitreisenden lasen auf der A 9 „Plaste und Elaste aus Schkopau".

Timurhilfe

Als wir nun endlich alle Buchstaben erlernt hatten und des Lesens einigermaßen mächtig waren, bekamen wir einen Klassensatz Pflichtliteratur. Wir hatten ja in unserem großen Bruder, der Sowjetunion, ein Vorbild, von dem wir viel lernen konnten. So lag es nahe, das Buch „Timur und sein Trupp" von Arkadi Gaidar im Unterricht zu behandeln. Da es recht spannend geschrieben war, wird es wohl jeder aus unserem Jahrgang gelesen haben und sich daran erinnern, welch ein Teufelskerl der 14-jährige Timur war. Er half mit seinem Trupp vor allem Witwen und Angehörigen von Frontsoldaten und sollte uns als gutes Beispiel für Hilfsbereitschaft, Freundschaft und Zusammenhalt dienen.

Wir sollten beweisen, dass wir aus ebensolchem Holz geschnitzt waren. Auch wenn wir nicht in den schweren Kriegsjahren wie Timur lebten, gab es doch bestimmt genügend Gelegenheiten, anderen Menschen zu helfen. Eine Welle der Hilfsbereitschaft breitete sich aus. Wir suchten uns Nachbarn, denen wir die Einkaufstaschen tragen, die Kohlen aus dem Keller holen oder einen Brief zur Post bringen durften. Und nahmen kein Geld, denn es war ja Ehrensache! Es dauerte nicht lange und unser Eifer ebbte ab. Aber hin und wieder älteren Leuten über die Straße zu helfen, eine schwere Tasche zu tragen oder den Sitzplatz im Zug anzubieten, haben wir bis heute nicht verlernt. Außerdem gab es im darauffolgenden Jahr wieder eine Klasse, die das Buch las und so gingen die Timurhelfer nicht aus. Wenigstens nicht, solange es Jungpioniere gab.

Wir gehörten inzwischen zur Mittelstufe.

Altstoffe brachten etliche Groschen

Ob Feinfrost-Gurkensalat, Imi oder Ata – das meiste lagerte in Pappe oder Papier. Konserven gab es nicht in Blechbüchsen, sondern in Gläsern, die wir für fünf Pfennig pro Stück beim Altstoff ablieferten. Für Zeitungen (gebündelt) gab es ebenfalls einen Groschen pro Kilo. „Lumpen" (Alttextilien) wurden angekauft und unter anderem zu Krepp-Klopapier verarbeitet. Zeitweise landeten sogar Knochen für die Leimherstellung beim Altstoffhändler.

Stars an den Wänden

In jeder Altersstufe hatten wir unsere Idole. Waren es erst die Märchen- oder Trickfilmfiguren, die an unseren Wänden prangten, wurden es später reale Schauspieler, Schlagersänger, Popstars oder Sportler. Deren Konterfei durfte aber nicht etwa mit Pflaster oder dem später aufkommenden Alleskleber „Kitifix“ an der Tapete befestigt werden. Nein, dafür war die Tapete zu kostbar und hatte Vater bei der letzten Renovierung zu sehr geschwitzt.
Mit elterlicher Hilfe nagelten wir eine Bastmatte oder Omas Gobelindecke an die Wand und hatten das perfekte Medium, um mit Stecknadeln Autogrammkarten, Sammelbilder oder aus der Fernsehzeitung („FF dabei“) ausgeschnittene Bilder unserer Lieblinge anzuheften.

Sportler, die uns beeindruckten

***Roland Matthes** (*1950), Schwimmer, 1968, 1972, 1976 acht Olympia-Medaillen (4x Gold, 2x Silber, 2x Bronze), schwamm 21 Weltrekorde.*

***Kornelia Ender** (*1958), Schwimmerin; Olympia 1976: vier Gold- und vier Silbermedaillen.*

***Erika Zuchold** (*1947), viermal Olympia-Silber, einmal Bronze; zeigte 1964 als erste Turnerin am Schwebebalken den „Flickflack“; 1970 Weltmeisterin im Pferdsprung und auf dem Balken; Vizeweltmeisterin im Mehrkampf.*

***Karin Janz** (*1952), 1968 Olympia-Silber und 1970 Weltmeisterin am Stufenbarren; 1972 Olympia-Gold am Stufenbarren und am Pferd 1972.*

***Maxi Gnauck** (*1964), 1980 Olympiasiegerin am Stufenbarren, Silbermedaille im Einzelmehrkampf, bronzene am Boden; zwischen 1979 bis 1985 sechsmal Welt- und fünfmal Europameisterin.*

Die Eiskunstläuferin Gabriele Seyfert als Trainerin mit einem 11-jährigen Nachwuchstalent.

***Gabriele (Gaby) Seyfert** (*1948), gehörte von 1965 bis 1975 zur Weltspitze im Eiskunstlauf. 1966 Zweite bei Europa- und Weltmeisterschaften; zeigte 1968 als erster Frau den Dreifachen Rittberger.*

***Jan Hoffmann** (*1955), Eiskunstläufer, 1968 mit zwölf Jahren Olympia-Teilnehmer, 1974 Weltmeister; gewann 1980 olympisches Silber; viermal Europameister.*

***Christine Errath** (*1956), 1974 Weltmeisterin im Eiskunstlauf, von 1973 bis 1975 dreimal Europameisterin; Bronze bei den Olympischen Winterspielen 1976.*

Der Biathlet Frank Ullrich.

Der Skispringer Hans-Georg Aschenbach.

Der Marathonläufer Waldemar Cierpinski.

Hans-Georg Aschenbach *(*1951), 1969 Junioren-Europameister im Skispringen; 1973 Skiflugweltmeister; 1973/1974 Gesamtsieg bei der Vier-Schanzen-Tournee; 1974 Weltmeister; 1976 Olympiasieger auf der Normalschanze.*

Ulrich Wehling *(*1952), Nordische Kombination; dreimaliger Olympiasieger (1971, 1976, 1980).*

Frank Ullrich *(*1958), Biathlet, 1975 Juniorenweltmeister in der Staffel, Olympia 1976 und 1980 Bronze in der Staffel, 1978 und 1979 Weltmeister über 10 km; 1980 olympisches Silber über 20 km und Gold über 10 km.*

Margitta Gummel *(*1941), Kugelstoßerin, gewann bei den Olympischen Spielen 1968 die Goldmedaille; 1972 Silber.*

Die Speerwerferin Ruth Fuchs.

Wolfgang Nortwig *(*1943), 1966, 1969 und 1971 Europameister im Stabhochsprung; Dritter bei den Olympischen Spielen 1968; 1972 Olympiasieger.*

Ruth Fuchs *(*1946), durchbrach 1970 als erste Speerwerferin die 60-Meter-Marke; 1972 und 1976 Olympiasiegerin; Bronze zur Europameisterschaft 1971; 1974 und 1978 Europameisterin; stellte sechs Weltrekorde auf.*

Monika Zehrt *(*1952), gewann 1972 bei den Olympischen Spielen zwei Goldmedaillen: im 400-m-Einzelwettkampf und in der 4x400-Meter-Staffel; stellte vier Weltrekorde auf.*

Marita Koch *(*1957), vielfache DDR- und Europameisterin im 400-Meter-Lauf und mit der 4x400-Meter-Staffel; 1980 Olympia-Gold im Einzelwettbewerb über 400 m und Silber mit der Staffel; 1983 Weltmeisterin über 200 m und in der Staffel.*

Waldemar Cierpinski *(*1950), 1976 und 1980 Olympiasieger im Marathonlauf, Bronze bei der Weltmeisterschaft 1983.*

Rosemarie Ackermann *(*1952), nahm bereits 1972 (unter ihrem Mädchennamen Witschas) an den Olympischen Spielen im Hochsprung teil; mit überbotenem Weltrekord Europameisterin 1974, 1976 Olympiasiegerin; mit der straddle-Technik 1977 die Höhe von 2 m übersprungen.*

StaBü und JuMo

Russisch, die Sprache der Freunde

Endlich hatten wir unseren zehnten Geburtstag gefeiert und waren nun „Teenies". Dieses Wort kannten wir zwar nicht, denn Englisch blieb bis zur siebenten Klasse ein Geheimnis. Dafür lernten wir alle miteinander die Sprache des „großen Bruders" – Russisch. Nicht nur fremdartige Schriftzeichen, nein, auch eine ungewohnte Aussprache versuchten die Lehrer uns beizubringen. Mit Brieffreundschaften gelang uns das mehr oder weniger gut. Fotos, Briefmarken und Abzeichen wechselten per Luftpost den Besitzer und bald wussten wir besser Bescheid über die Familien- und Lebensverhältnisse von Igor, Oleg, Tamara und Natascha als über die unserer Verwandten in anderen Gebieten Deutschlands.

In keinem anderen Fach wurde das Notenspektrum von eins bis fünf so ausgereizt wie in diesem. Clevere Schüler erklärten ihren Eltern, dass ja bei

Chronik

5. September 1972
Während der XX. Olympischen Spiele überfallen palästinensische Terroristen im olympischen Dorf in München die israelische Mannschaft, ermorden zwei Sportler und nehmen neun als Geiseln. Ein Befreiungsversuch der Polizei endet in einem Blutbad. Alle Geiseln, fünf Palästinenser und ein Polizist sterben.

22. Dezember 1972
In den chilenischen Anden werden 16 Überlebende des Flugzeugabsturzes vom 13. Oktober 1972 gefunden. Sie überleben, weil sie sich in ihrer Verzweiflung vom Fleisch der bei dem Unglück Getöteten ernährten.

27. Januar 1973
Die USA stellen ihre Kampfhandlungen in Vietnam ein und ziehen am 11. Februar 1973 ihre letzten Truppen ab. Allerdings dauert der Krieg zwischen Nord- und Südvietnam noch bis 30. April 1975.

11. Mai 1973
Der Bundestag (und am 25. Mai auch der Bundesrat) billigt den Grundlagenvertrag zwischen BRD und DDR. In ihm wird die Entwicklung gutnachbarschaftlicher Beziehungen und friedliche Koexistenz vereinbart.

11. September 1973
Mit dem Sturm der Armee auf den Amtssitz des Präsidenten Salvador Allende endet die Demokratie in Chile. Eine Militärjunta unter General Augusto Pinochet übernimmt die Macht, Allende kommt auf ungeklärte Weise ums Leben.

22. Juni 1974
Jürgen Sparwasser schießt im WM-Duell gegen die Mannschaft der BRD das Siegtor für die DDR und wird damit zur Legende. Die Mannschaft von Bundestrainer Helmut Schön gewinnt am 7. Juli im Münchner Olympiastadion mit einem 2:1 gegen die Niederlande den Weltmeistertitel.

8. August 1975
In China brechen 62 Staudämme. 231000 Menschen sterben. Die Volksrepublik versuchte lange Zeit, Informationen über diese Katastrophe geheim zu halten.

20. November 1975
In Spanien endet mit General Francos Tod eine 36 Jahre dauernde Diktatur. Am 22. November 1975 wird Juan Carlos I. zum spanischen König proklamiert.

Fast jeder hatte Brieffreunde in der Sowjetunion.

den Freunden die beste Note eine Fünf und die schlechteste die Eins war. Den Nutzen der fremden Sprache erkannten nur die wirklich, die an der Erdgas-Trasse oder der BAM (Baikal-Amur-Magistrale) gutes und teilweise „hartes“ Geld verdienen wollten. Und wer eine Reise mit dem „Freundschaftszug“ über Jugend-Tourist machen wollte. Aber für den Großteil unseres Jahrgangs blieb das sowieso ein Wunsch. An die Globalisierung der Wirtschaft dachten wir zu dieser Zeit nicht ...

Arbeitsgemeinschaften für Thälmannpioniere

In der fünften Klasse erreichten wir die nächste Stufe in der Gesellschaft: Wir wurden Thälmann-Pioniere und tauschten das blaue gegen ein rotes Halstuch ein. Ein Gruppenrat stand an der Spitze der Klasse und bestimmte, welche gesellschaftlichen Aktivitäten wann, wie und wo vorzubereiten waren. Das Freizeitangebot in den Schulen wurde

Eine Musikgruppe der Thälmannpioniere während einer Maidemonstration in Berlin.

um Arbeitsgemeinschaften (AG) wie „Junge Historiker", „Junge Naturforscher", „Junge Techniker" etc. erweitert. Da gab es durchaus AG-Leiter, die uns mehr erzählten als die Lehrer. Die zeigten uns, wo die Fledermäuse und die Uhus tagsüber schliefen, ließen uns ausgegrabene Scherben sauber pinseln, unternahmen Exkursionen dorthin, wo moderne Geräte entwickelt und hergestellt wurden.

Kartoffelferien

Ferien würzten unser Schülerdasein wie das Salz die Suppe. Alle Schüler der Republik hatten gemeinsam Ferien; zwei Wochen „Weihnachtsferien", drei Wochen Winterferien, eine Woche im Frühling, acht Wochen im Sommer und eine Woche Herbstferien. Die nannten wir Kartoffelferien, weil wir ab der fünften Klasse in der LPG bei der Kartoffelernte halfen. Zum einen war das Pionier- oder FDJ-Auftrag, zum anderen half es, das stets schwindsüchtige Taschengeld aufzubessern. Wer stark genug war, arbeitete als Träger; wer sich besonders gut vordrängelte, als Sortierer auf der Kombine (Kartoffelsortiermaschine). Der Rest sammelte die Kartoffeln vom Feld in Drahtkörbe. Hin und wieder unterbrachen wir den Ernst der Sache mit Kartoffelwerfen – Jungen gegen Mädchen. Das machte hungrig.

Von den Genossenschaftsbauern wurden wir gut verpflegt. Im warmen Bauwagen oder am Kartoffelfeuer verschlangen wir so manches dick belegte Wurstbrot und tranken dazu süßen Tee. Das Sprichwort „Arbeit hat noch keinem geschadet" bekamen wir öfter zu hören. Und ehrlich gesagt, wenn uns auch Muskelkater und Rückenschmerzen plagten, etwas Wahres ist wohl dran ...

StaBü, UTP, ESP ...

Mit Beginn der siebenten Klasse stopften wir weiteres Wissen mit den Naturwissenschaften Physik und Chemie in in uns hinein, bekamen im Staatsbürgerkundeunterricht Einblick in die Lehren von Marx, Engels und Lenin und begannen uns mit der produktiven Arbeit zu beschäftigen. Dazu gingen wir im Zwei-Wochen-Rhythmus in Industrie oder Landwirtschaft zum UTP (Unterrichtstag in der Produktion) und wurden vollwertig eingesetzt.

Ob dies dem Zweck diente, sich beim Lernen besser anzustrengen, um später monotoner Arbeit zu entgehen, oder einfach nur eine Vorbereitung auf das wirkliche Leben sein sollte, wissen wir nicht. Aber keiner von uns ging nach der Schule völlig blauäugig in die Lehre! Das Gegenstück zur Praxis war die Theorie, die uns in ESP (Einführung in die sozialistische Produktion) vermittelt wurde.

Geliebte Lederhose.

Wappen der GST (Gesellschaft für Sport und Technik).

Spartakiaden und goldene Fahrkarte

Sport war ein allgemein viel beachtetes Gebiet. Der Staat steckte große Summen in die Förderung von Talenten. Nicht umsonst waren unsere Sportler im Wintersport, in der Leichtathletik, beim Radsport, Turnen oder Schwimmen so erfolgreich. Wir hatten Vorbilder wie Hans-Georg Aschenbach, Marita Koch, Täve Schur, Erika Zuchold, Gaby Seyfert oder Roland Matthes. Und wir sollten ihnen nacheifern. Im Unterricht ging es hart zur Sache, Drückeberger hatten schlechte Karten. Auch die, die vom Naturell her keine Sportskanonen waren. Aufgereiht nach Größe standen wir stramm und sahen zu, womit wir unseren Körper ertüchtigen sollten. Unaufmerksame durften gleich eine Runde mehr zur Erwärmung drehen. Wer besonders gut war, ging nachmittags zusätzlich zum Judo, in die Leichtathletik AG oder zum Geräteturnen. Fußball- und Handballvereine hatten regen Zulauf, ebenso – je nach Naturgegebenheiten – die Vereine im Wasser- und Wintersport. Alljährlich gab es für alle Schüler das Schulsportfest sowie den Frühjahrs- und Herbstcrosslauf.

Und bei den Spartakiaden ermittelten wir erst landkreisbezogen und danach im Bezirk die besten Leichtathleten eines jeden Jahrgangs. Landesweit kämpften wir

Das Segelschulschiff „Wilhelm Pieck“ der GST (Gesellschaft für Sport und Technik).

außerdem um das Sportabzeichen und die „goldene Fahrkarte“. Dabei durften wir mit einem Luftgewehr unter Aufsicht eines Mitglieds der GST (Gesellschaft für Sport und Technik) auf Zielscheiben schießen. Die Trefferquote der Mädchen stand der der Jungen dabei in nichts nach.

Für die Weltfestspiele zu mager

„Wir treffen uns auf jeden Fall! Sommer´ 73, zum zehnten Festival.“ Diesen Liedtext konnten wir zwar mitsingen, aber die meisten von uns konnten die Weltfestspiele nur im Fernsehen miterleben. Wir waren schlichtweg zu jung. Dennoch standen wir neun Tage lang im Bann dessen, was in Berlin auf fast 100 Bühnen vor acht Millionen Besuchern aus 140 Ländern abging. Zwischen Rock, Beat und roten Liedern war das Gefühl von internationaler Freundschaft und Solidarität spürbar. Dass der (inoffiziell inzwischen längst kaltgestellte) Walter Ulbricht während des Festivals starb, hat uns weit weniger berührt als der wenig später erfolgte Militärputsch in Chile. Vier Jahre später, als wir das richtige Alter hatten, feierte die Weltjugend in Kuba. Aber dorthin kamen nur die wenigsten von uns.

FDJ-Blousons statt rotes Halstuch

Mit dem Jahresendzeugnis der siebenten Klasse hatten wir jenes magische Tor erreicht, durch das wir nach den Sommerferien den Weg ins neue Leben gehen würden. Das war mächtig aufregend. Neben der „Aufklärung“ im Biologieunterricht, worüber uns die Großen erzählt hatten (beispielsweise welche Lehrerin bei welchen Fragen rot würde), erwarteten uns die Jugendstunden und schließlich die lang ersehnte Jugendweihe.

In den Jugendstunden ging es um die unterschiedlichsten Themen: Gleichberechtigung, Konzert, Sexualität, DSF (Deutsch-Sowjetische Freundschaft),

Gemäldegalerie Alte Meister, Erste Hilfe, Theaterbesuch ... Eine obligatorische Veranstaltung war der Besuch eines Konzentrationslagers wie beispielsweise Buchenwald. Hier lernten wir uns und unsere Klassenkameraden oft von einer unbekannten Seite kennen – selbst Großklappen und Klassenkasper waren still und blass. An diesem Tag wurden wir in die FDJ aufgenommen und durften (oder mussten) anstelle des roten Halstuches das Blauhemd tragen. Das war inzwischen zu einem schicken Blouson aufgepeppt worden, den aber nicht jeder hatte.

Zum Wandertag wurde tatsächlich noch gewandert.

Unsere Jugendweihe.

Kurz vorm „Erwachsenwerden"

Endlich war es so weit – die Jugendweihe, mit der wir offiziell in den Kreis der Erwachsenen aufgenommen wurden, stand an. Nun hatten wir das Recht, mit „Sie" angesprochen zu werden (was wir bei unbeliebten Lehrern gnadenlos einforderten). Vor allem aber war die Jugendweihe ein Anlass, zu dem wir die meisten Geschenke erwarten durften. Die Städter mussten dabei vor allem auf ihre Verwandtschaft hoffen. Die Dörfler hatten bessere Karten, da kamen mitunter Geschenke oder (was uns viel lieber war) Glückwunschkarten mit einem Schein drin von Leuten, die sich unseren Eltern und Großeltern verpflichtet fühlten. Bei manchem hat es für eine SIMSON S 50 gereicht, oder wenigstens für einen gebrauchten „Star" oder eine „Schwalbe".

Der letzte Schrei aus der „Jugendmode"

Zuvor aber mussten wir manches Opfer bringen, beispielsweise den Stress mit unseren Müttern, die uns völlig anders einzukleiden gedachten, als wir uns das vorstellten. Zum größten Teil trugen die Mütter den Sieg davon, unterstützt vom mageren Jugendweihe-Angebot der „Jugendmode“. Die „JuMo“ war ja bei uns eine Marke wie heute C&A, Pimki, New Yorker und Co. Allerdings war es auch die einzige „Marke“ für unsereins. Und nur dort gab es die Jugendweihe-Kleider, -Anzüge, -Krawatten und -Mäntel. Da konnte man am großen Tag durchaus dreimal das Gleiche bestaunen.

Die meisten Jungs mussten sich mit ihrem ersten Schlips schmücken lassen. Den legendären Jugendweihe-Anzug haben die weitsichtigen Eltern zumeist „auf Zuwachs“ gekauft; mancher hat ihn tatsächlich zur eigenen Hochzeit getragen. Die Mädchen feilschten bei der Rocklänge um Mini, Midi oder Maxi oder gar um einen progressiven Hosenanzug. Mit mehr oder weniger Erfolg.

Im Laden Klamotten zu erhaschen, war für die Städter einfacher als für die Dorfjugend. Die wusste nicht genau, wann es neue Ware gibt, und hatte auch nicht die Möglichkeit, mal eben in die Stadt zu fahren. Dafür hatten die Mädels aber Mütter, Großmütter oder Schneiderinnen, die aus Stoffresten wahre Wunderwerke hervorbringen konnten. Wieder gab es die Diskussion (im Falle von Mini) um die Rocklänge. Allerdings konnten die Mädchen recht gut die Nähmaschine treten und kürzten heimlich das Kleid. In ihrer Aufregung hat es Mutti am großen Tag nicht bemerkt oder die Hinterlist toleriert. Mit Lippenstiften und Wimperntusche war es genauso.

Jugendweihe: Im Gänsemarsch zur Bühne.

Jugendweihe-Schuhe ...

... gab es in der JuMo nicht. Beim Schuhkauf schluckten die Mütter der Jungen mitunter ganz heftig, weil die Kinderabteilung für die 40er/42er Latschen nichts mehr anbot. Die Mädels mit kleineren Füßen hatten ganz andere Probleme: Mutti suchte aus der (staatlich subventionierten und damit weitaus preiswerteren) Kinderabteilung schwarze oder rote Lackschuhe heraus. Die artigen (und bezüglich der knappen elterlichen Kasse verständnisvollen) Mädels willigten irgendwann ein. Die Aufmüpfigen bestanden darauf, zur Jugendweihe endlich Absatzschuhe zu tragen.

Einem solchen Sieg folgten die Laufübungen; denn es war der Alptraum eines jedes weiblichen Jugendweihlings, vorm großen Publikum beim Gänsemarsch zur Bühne mit dem Fuß umzuknicken und sich – wenn es schlimm kam – lang hinzustrecken. Von diesen Horrorvisionen hatten die Jungen freilich keinen blassen Schimmer. Sie hatten aber während der Generalprobe Gelegenheit, sich darüber zu belustigen. Diese Probe diente natürlich nicht vorrangig den Laufübungen, vielmehr wurde einstudiert, wer hinter wem in welcher Gruppe auf die Bühne zu schreiten hatte. Damit die Aufrufliste des Jugendweihe-Redners und die nach Namen geordneten Präsente in die richtige Hand kamen.

Feierlich: Die Jugendweihe im Gartensaal des Schlosses Dessau-Mosigkau.

„Ja, das geloben wir"

Das Ereignis selbst ist uns weitaus weniger in Erinnerung geblieben, als das Davor und das Danach. Wir haben die Prozedur ohne schwerwiegende Stürze und trotz krawattenbedingter Atemnot überstanden. Wir nahmen auf der Bühne die Jugendweihe-Urkunde in Empfang, dazu „Der Sozialismus – Deine Welt". Viele von uns hatten sich zwar auf „Weltall-Erde-Mensch" gefreut, aber das hatten unsere Vorgänger letztmalig bekommen.

Die Thälmann- Pioniere überreichten uns Blumensträuße und gemeinsam sprachen wir das „Gelöbnis". Dieses ging uns leicht über die Lippen, denn wir mussten keine schweren Texte auswendig lernen. Der Redner am Mikrofon sagte uns etliche Dinge, worauf wir im Chor zu antworten hatten: „Ja, das geloben wir!" Als dies alles absolviert und wir nun erwachsen waren, ging es ab zur Familienfeier. Und? Ja, es war trotz unseres Erwachsengewordenseins wieder eine typische Familienfeier. Der Unterschied war nur, dass die (mehr oder weniger freudig empfangenen) Geschenke und die Karten mit den Scheinen unser Eigentum waren. Über die Einnahmen wurde akribisch Buch geführt, schließlich musste man wissen, wie viel man wem in den nächsten Jahren schuldig war. Dazu gab es (vor allem auf den Dörfern) die vorbereiteten Kuchenpäckchen. Es wurden so um die 20 runde Bleche gebacken, vor allem zum Verteilen. Unsere Eltern wollten sich ja (so selbstbewusst wie sie auch immer waren) nicht „bereden" lassen.

Am späten Nachmittag setzten sich viele von uns klammheimlich ab. Dorthin, wo die anderen frischgebackenen Erwachsenen waren: in den Park, in eine Scheune, zu jemandem in die Bude. Die feiernde Verwandtschaft hat uns eh nicht vermisst. Irgendwann trudelten wir– wie auch immer – zu Hause ein, und uns wurde alles nachgesehen, weil es ja unser Ehrentag war.

Konfirmation

Selbstverständlich gab es Zeitgenossen, die die Konfirmation und in katholischen Gemeinden die Firmung erhielten. Staatlicherseits wurde das zwar nicht gern gesehen, aber stillschweigend geduldet. Im späteren Berufsleben konnte es aber eine Hürde bedeuten, je nachdem, ob man an einen streng linientreuen Kaderleiter geriet oder an einen, dem die Leistung wichtiger war als die politische Einstellung. Damals, Mitte der Siebzigerjahre, galten die wenigen Klassenkameraden, die zur Christenlehre gingen, zwar als Exoten, nicht aber als Außenseiter. Und Kompromisse gab es allemal, denn zumeist feierten die religös erzogenen Kumpel zusätzlich die Jugendweihe und trugen Halstücher bzw. Blauhemden. Im Umgang miteinander war uns das ziemlich egal. Für uns alle gab es wichtigere Dinge, die uns zusammenhielten.

„Gehen wir jetzt zusammen?“

Die Zeiten waren ganz schön schwer. Irgendwie wollten wir ja jemanden haben, mit dem wir „gehen“. Als Jungs hatten wir einen ziemlich schlechten Stand bei den gleichaltrigen Mädchen. Die waren meistens größer als wir, konnten sich kokett bewegen, waren herrlich bunt geschminkt und – wie wir heute sagen würden – gut „gestylt“. Die Mädels ließen da wirklich nix anbrennen. Eine wirkliche Chance hatte nur der, der entweder ziemlich groß gewachsen war oder bekanntermaßen „frühreif“ – oder vielleicht eine besonders große Klappe und dazu extrem lange Haare hatte. Wer keines dieser Klischees bedienen konnte, sah ziemlich alt aus. Der konnte nur in den unteren Klassenstufen tingeln gehen oder musste darauf hoffen, dass irgendwann bei ihm die ersten Bartstoppeln sprossen. Um das zu beschleunigen, seiften wir angehenden Männer uns täglich heimlich mit Vaters Rasierpinsel ein (mit Florena-Rasierschaum aus der Tube) und schabten unseren nicht vorhandenen Bart mit „Rotbart rostfrei“ ab.

Waren wir weiblichen Geschlechts, hatten wir zwar ähnliche Ambitionen – vielleicht ein wenig zeitversetzt. Bei uns ging es nicht um den Bart, sondern um die Brust. Und die haben wir keinesfalls weggeschabt, sondern aufgemotzt. Solch moderne Sachen wie Push-ups gab es zu unserer Zeit leider nicht. Da musste der BH der großen Schwester herhalten. Oder der von der älteren Tochter von Mutters Freundin. Alles andere besorgte die allerorten und multifunktionell eingesetzte Watte. Die stopften wir in unsere BHs ebenso wie in die Stöckelschuhe aus dritter Hand. All diese Aktionen haben uns – gelinde gesagt – ziemliche körperliche Unannehmlichkeiten beschert. Manchmal haben wir wirklich gelitten.

Die Nachmittage am Baggersee – hier konnten wir prima anbandeln.

Plötzlich waren die Eltern so komisch

Inzwischen befanden wir uns in den jugendlichen Flegeljahren. Nichts war „cool“, aber alles „fetzte“. Im Austesten der Toleranzgrenzen unserer Eltern, Lehrer und Mitschüler waren wir Spitze. Auffallend war, dass mit unserem Eintritt in die Pubertät die Eltern total komisch wurden. Das ging damit los, dass sie plötzlich Gehörprobleme bekamen, denn ständig sollten wir das Radio leiser stellen. Früher waren sie ganz erpicht darauf, dass wir den Verwandten erzählten, was wir werden wollten, wenn wir mal groß sind. Jetzt hatten sie gegen unsere ständig neuen Pläne laufend etwas einzuwenden.

Noch schlimmer war es mit dem Geschmack in Sachen Kleidung. In all den Jahren waren wir uns mit Mutter einig darüber gewesen, was wir anzogen: Westover mit Zopfmuster, Lackschuhe, fast moderne Rundstrickhosen, Wintermäntel mit Samtkragen, Nickys mit Bildchen drauf oder Blusen mit Puffärmeln. Mit einem Mal weigerte sie sich, in die Hosenbeine einen Keil unten einzusetzen oder den Rock ein paar Zentimeter zu kürzen. Wir taten es schließlich selber, dank unserer Fertigkeiten aus dem einstigen Nadelarbeitsunterricht oder Omas Singer-Nähmaschine.

Der **Weg** ins richtige **Leben**

Weichenstellung

Im Ostteil Deutschlands herrschte zu unserer Zeit die allgemeine zehnklassige Schulpflicht. Einige von uns aber wollten unbedingt nach der achten Klasse ins Arbeitsleben einsteigen. Ursache waren die Unlust am Lernen und entsprechend schlechte Noten oder einfach der Wunsch, recht schnell Geld zu verdienen. Sie erlernten einen Beruf, konnten aber im Zuge der Erwachsenenqualifizierung ihren Zehnklassenabschluss nachholen und durchaus Meister werden. Der Großteil von uns ging weiterhin schön brav zum Unterricht und hielt bis zur zehnten Klasse durch. Es schloss sich eine Lehre an oder eine Berufsausbildung mit Abitur.

Diejenigen, die von vornherein mit einem Studium liebäugelten, bewarben sich in der achten Klasse um einen Platz an der Erweiterten Oberschule (EOS).

Chronik

26. April 1976
In Ostberlin wird der Palast der Republik eröffnet. Wegen seiner prunkhaften Beleuchtung wird er im Volksmund auch „Erichs Lampenladen" genannt.

30. Juli 1977
Der Vorstandssprecher der Dresdner Bank AG, Jürgen Ponto, wird bei einem Entführungsversuch der RAF in seinem Haus im Taunus erschossen.

September/Oktober 1977
Der Terrorismus in der BRD erreicht seinen Höhepunkt. Ein RAF-Kommando entführt am 5. September den deutschen Arbeitgeberpräsidenten Hans-Martin Schleyer. Mit seiner und der Entführung der Lufthansamaschine „Landshut" auf ihrem Flug von Mallorca nach Frankfurt am 13. Oktober sollen inhaftierte Mitglieder der RAF freigepresst werden. Am 18. Oktober gelingt der GSG 9 die Befreiung der Geiseln im somalischen Mogadischu. Hans-Martin Schleyer wird am 19. Oktober ermordet aufgefunden.

26. August 1978
Sigmund Jähn, Bürger der DDR, fliegt als erster Deutscher ins Weltall. Gemeinsam mit Waleri Bykowski fliegt er in der sowjetischen Sojus 31 zur Orbitalstation Saljut 6. Der Flug dauert 7 Tage, 20 Stunden, 49 Minuten und 4 Sekunden.

18. Juni 1979
Jimmy Carter und Leonid Breschnew unterzeichnen die SALT-II-Verträge (Verträge zur nuklearen Rüstungsbegrenzung).

13. August 1979
Die Cap Anamur nimmt die ersten vietnamesischen Flüchtlinge auf. Damit beginnt eine sieben Jahre dauernde Rettungsaktion, bei der über 11 000 Flüchtlinge vor dem Ertrinken und Hungertod gerettet werden.

Juli 1980
Die in Moskau stattfindenden XXII. Olympischen Sommerspiele werden von 50 Nationen boykottiert. Dies ist eine Reaktion auf den Einmarsch der Sowjetunion in Afghanistan.

14. August 1980
Mit der Forderung: „Mehr Freiheit und bessere Lebensqualität" beginnt in der Danziger Lenin-Werft ein Streik, der sich auf ganz Polen ausweitet. Am 17. September wird die Gewerkschaft Solidarnosc gegründet.

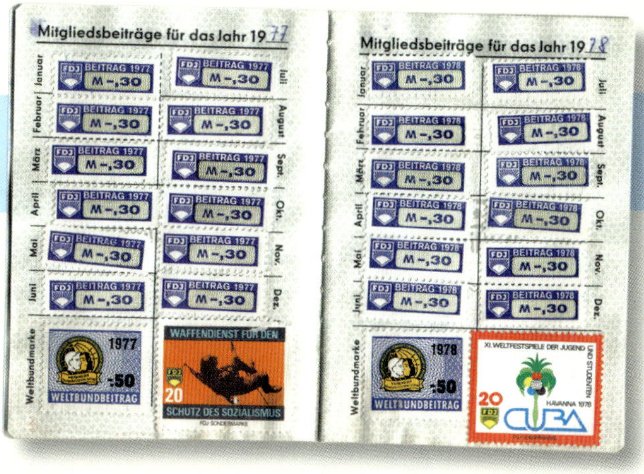

Sofern sie ihn bekamen, gingen sie ab der neunten Klasse zur „Penne" und hatten – falls sie nicht „absprangen" – nach der zwölften ihr Abitur in der Tasche.

Zum Schutze der Heimat

Allerdings durfte nicht jeder zur „Penne", denn die Plätze waren limitiert und reichten nur für die drei bis vier Besten einer POS-Klasse. Neben den Zensuren spielten die gesellschaftlichen Aktivitäten und die Gesinnung eine Rolle. Für die Jungs kam ein weiterer Aspekt hinzu, nämlich die Gespräche zwecks militärischer Nachwuchsgewinnung, die sie ab Anfang der achten Klasse über sich ergehen lassen mussten. Wer sich hierbei zur Offizierslaufbahn verpflichtete, hatte seinen EOS-Platz so gut wie sicher. Die wenigsten hatten aber

Soldaten beim Fahneneid.

wirklich Ambitionen, länger in der Volksarmee zu dienen als die obligatorischen 18 Monate. Oder maximal drei Jahre als Voraussetzung für einen Studienplatz.

Schlechte Karten hatten diejenigen Mitschüler, die in den Gesprächen von vornherein klarmachten, dass sie ihr verbrieftes Recht auf einen NVA-Dienst ohne Waffe (Bausoldat/ Spatenbrigade) wahrzunehmen gedachten. Zu einer weitergehenden Ausbildung gelangten sie – wenn überhaupt – nur über Umwege, über „ganz besondere" Beziehungen oder mit einem Maximum an Durchsetzungsvermögen.

In unsere Jugend fällt die Ära der Singeklubs.

Kohlemarken

Gas- und Ölheizungen waren noch in weiter Ferne. Unsere Haushalte wurden mit Holz und Kohle beheizt. Mit Beziehung und/oder Glück gab es mal Koks, oft aber nur eine Mischung aus minderwertigen Briketts und Kohlendreck. Da wurden regelmäßig die Fenster geschlossen, wenn man ringsum beim Anheizen war. Damit wir warm über den Winter kamen, bestellten unsere Eltern rechtzeitig beim Kohlehändler oder in der BHG Briketts (und in der Stadt das Brennholz).

Je nach Haushaltsgröße gab es Kohlekarten, auf die eine entsprechende Menge staatlich gestützt bezogen werden konnte. Wer damit nicht auskam, musste für mehr Geld zukaufen. Am Anlieferungstag wurde die Kohle vor dem Kellerfenster abgekippt. Zusammen mit Vater bewaffneten wir uns nach Feierabend oder Schulschluss mit der Schaufel und schippten alles in den Keller. Bei trockenem Wetter kein Problem, aber wehe es regnete! Wer Pech hatte, weil sein Kellerfenster nicht zur Straße zeigte, der durfte alles in Eimer laden und mühsam die Kellertreppe hinunter, den Gang entlang zum Zielort schaffen. Den Service, die Kohlen vom Hänger in Säcken in die Keller zu tragen, boten nur wenige Kohlehändler an, das meiste wurde lose angeliefert.

Da war Nachbarschaftshilfe gefragt. So manche Rentner waren dankbar für die Unterstützung und wir freuten uns über ein gutes Taschengeld. Als im Winter 1978 tagelang Frost herrschte und die Kohle in den Waggons festfror, zogen in vielen Orten die Jungs der neunten und zehnten Klasse zu den Güterbahnhöfen, um mit Spitzhacke und Schaufel die Kohle frei zu bekommen.

1. Mai, das bedeutete demonstrieren und musizieren.

Gammelkanten und grüner Nagellack

In Sachen natürlicher Kopfschmuck hatten die Jungen unter den neuerlichen Diskrepanzen mehr zu leiden als die Mädchen. In den Vorjahren herrschte familiäre Eintracht und jeder machte dem anderen Komplimente, wenn er oder sie eine neue Frisur präsentierte. Töchter wechselten munter zwischen Rattenschwänzen, verlängertem Pferdeschwanz, Seitenzopf oder Bubikopf und Mirelle-Mathieu-Schnitt. Unsere Mütter trugen wechselweise Dutt, Lockendutt oder Dauerwelle. Die Väter blieben zwar meist beim Messer-Formschnitt für 1,50 M, probierten aber in Fragen Bart (oder nicht Bart) immer mal etwas Neues aus. Die Jungen hatten bis dato ihre Freude daran, wenn sie mal Seitenscheitel, mal Fasson und im Sommer Igel trugen.

Und jetzt? Tantes schicke Korkenzieher-Kotletten wurden bewundert, die schulterlange Lockenpracht der Neffen jedoch verpönt. Die Mädchen hatten zwar in punkto Haare kaum Probleme (Farbe war ja damals noch nicht in), dafür mussten sie endlose Diskussionen um Wimpertusche oder roten, grünen und blauen Nagellack ertragen. Auch über Perlmutt-Lippenstifte; wenn es schon sein musste, dann sollte es wenigstens Mutters roter sein.

„Der Weg ins Leben“

Extravagantes war im Alltag schwer durchzusetzen. Während des Faschings dagegen war fast alles möglich. Zumindest in der Stadt.

Gerade diese Dinge lehrten uns, selbstständig zu werden. Die Haare blieben dran (zumindest bis zur Einberufung). Die Wimpernspiralen (oder Tusche mit Minibürste) kauften wir heimlich in der Drogerie. Die erste Jugendliebe brachten wir nicht gleich mit nach Hause. Und so manchen Eintrag im Hausaufgabenheft unterschrieben wir selbst, kaum ein Lehrer hat es gemerkt. So begann also unser „Weg ins Leben“, wenn auch nicht ganz in Makarenkos Sinne.

Zu diesem Weg gehörte es, in den Ferien oder am Wochenende arbeiten zu gehen, um eigenes Geld zu verdienen. Arbeit gab es genug, von überall her ertönte der Spruch „Keine Leute, keine Leute“. Ein Stundenlohn von 1,50 bis 2,50 M waren durchaus üblich. Wenn wir unsere Arbeit machten, gab es Bares, wenn wir gammelten, brauchten wir nicht wiederzukommen. Dabei war es egal, ob wir Geschirr verpackten, Blumenrabatten vom Unkraut befreiten, alten Leuten den Schieber brachten, Schildchen an Bohnerschwämmen befestigten, Rüben verzogen oder neu gelegte Gehwegplatten verfugten. Notfalls sammelte die Dorfjugend Heidelbeeren und verkaufte sie an die Städter.

Jeans Marke Goldfuchs

Vom selbst verdienten Geld wollten wir uns natürlich selbst ausgewählte Dinge kaufen. Keine Rundstrickhosen! Keine Lackschuhe! Nein, wir lagen nach ganz anderen Raritäten auf der Lauer; neben Lizenz-Platten hatten wir es vor allem auf Jeans abgesehen (oh nein, bitte keine wabbeligen „Niethosen“). Und endlich gab es welche. Marke „Goldfuchs“. Die konnte man tatsächlich ohne Beziehungen (wohl aber mit etwas Glück) erstehen, wenn man wusste, wann in welchem Laden neue Ware kam. Jeans der Marke Goldfuchs waren keineswegs wabbelig. Die waren sogar so steif, dass man sie in der Tat hinstellen konnte, ohne dass sie in sich zusammenfielen.

Nannten wir ein solches Stück unser Eigen, trennten wir zuerst das Goldfuchs-Schild ab. Wir zogen unsere neuen „Jeans“ an, setzten uns in die Wanne und schrubbten auf den Schenkeln mit der Wurzelbürste und Imi. Um das neue Teil in Form zu bringen, behielten wir sie an, bis sie trocken war und froren tapfer. Notfalls musste uns Doktor Krefafin Bromhexin und Hustentee verschreiben (das gab es kostenfrei auf Rezept), aber der Imagegewinn war uns das wert.

„Solibasar“ auf dem Alexanderplatz.

Wer Westpakete bekam ...

Besser hatten es Altersgenossen, die regelmäßig Westpakete bekamen. Wem die Verwandtschaft oder Bekanntschaft freilich nur zu Weihnachten und zu Ostern ein steuerabzugsfähiges Supermarkt-Standard-Paket schickte, der kam nicht auf die Idee, Extrawünsche zu äußern. Bei denen bedankte man sich ganz herzlich und ergeben für das Back- und Puddingpulver, die Apfelsinen, den Westkaffe und -kakao, für Datteln, Mandeln, Rosinen und Zitronat. Halt für alles, was der Briefträger brachte, schließlich kam es ja aus dem Westen. Jeans oder Cordhosen waren nicht dabei. Auch keine Filzstifte und kein Clerasil gegen Pickel. Das hatten nur jene, die einmal im Jahr richtigen Westbesuch bekamen und bei denen man auch kleines Wünschlein äußern durfte. Echte Levis! Jeans oder Cord!

Wohlgesonnene Verwandte erfüllten solche Wünsche. Auch Gönner, denen drei Dankesbriefe zu schreiben waren. Dabei hatten unsere Eltern vorm „Westbesuch“ vier Wochen lang renoviert, geputzt, verschönert, damit sie sich nicht blamierten. Manchmal ging der halbe Jahresurlaub dafür drauf.

... und wer keine Westverwandtschaft hatte

Aber es gab nun mal auch etliche unter uns, die keine Westbeziehungen hatten und daher statt Jeans und Cord bestenfalls Niet- oder Manchesterhosen trugen. Oder solche aus Malimo-Silastik, wobei man im Unterricht oder im Schulbus stets bestrebt war, die Beine ausgestreckt zu halten, weil sonst die Hose „Knie" zog.

Dann war es endlich so weit, unser Staat importierte aus Westdeutschland einmalig echte Levis. Ladenpreis: 120 Mark (bis zu 25 Prozent eines durchschnittlichen Monatseinkommens). Im Kleinstadtladen kamen etwa 30 Stück an, davon 15 auf den Ladentisch, und 300 Leute standen Schlange. Im Dorf nähte man weiterhin Keile in die Rundstrickhosen, in der Großstadt hatte man die Chance, in irgendeiner Schlange weit genug vorn zu stehen.

Plattenhören im Klubraum eines Lehrlingswohnheims.

Sudel-Ede, Rudi Carell und das Tafelwerk

Wenn es der Staatsbürgerkundeunterricht erforderte, schauten wir den „Schwarzen Kanal" mit Karl Eduard von Schnitzler, aber das geschah eher selten. Da war „Am laufenden Band" mit Rudi Carell auf Westfernsehen viel unterhaltsamer; vorausgesetzt Vater hatte vorher die Antenne auf dem Dachboden entsprechend gerichtet und Mutter ihm von der Treppe aus das Ergebnis seiner Bemühungen durchgegeben.

„Der große Preis."

Eine bahnbrechende Neuerung war der Taschenrechner. 1969 brachten die Japaner erstmals einen auf den Markt. Allerdings mit wenig mehr als den vier Grundrechenarten. 1972 gab es den ersten wissenschaftlichen Rechner von Hewlet Packard. Doch bis wir im Besitz eines solchen Wunderwerkes waren, damit umgehen und ihn in den Unterricht einbeziehen konnten, war unsere Schulzeit bereits vorbei. Tapfer arbeiteten wir mit Tafelwerk und Rechenschieber. Und von Computern träumten wir. Der letzte Schrei bei uns waren Magnetbandspeicher und Telex. Es brauchte noch ein paar Jahre, ehe der Ein-Megabit-Chip aus Jena Furore machen sollte.

Unsere „Taschenrechner“.

Von RIAS bis DT 64

Die musikalischen Hits prägten uns wie dereinst Elvis oder Bärbel Wachholz unsere Eltern. Wir wuchsen auf mit Omas Uralt-Empfänger (viele empfingen noch über die „Göbbels-Schnauze“) oder mit dem sensationellen Familienereignis namens Kofferradio. Mit den Eltern hörten wir Radio DDR (später Stimme der DDR), wo Heinz Quermann Schlager von Frank Schöbel oder Regina Thoss präsentierte.

Mit unseren älteren Geschwistern oder Nachbarskindern hörten wir eher den Soldatensender, RIAS, Radio Luxemburg oder Bayern 3. Und wir liebten DT 64 – unseren DDR-Jugendsender, der sich etwas mehr „traute“ und auf dem unsere geliebte Ost-Mugge lief – ebenso wie die Zeitschriften „Magazin“ oder „Neues Leben“.

Nach den Amiga-LP haben wir stundenlang angestanden und sie – wenn wir nicht „Vitamin B“ (sprich Beziehungen) hatten – dann doch nicht bekommen. Mancher hatte das Glück, einen Kumpel zu haben, der über ein Spulentonbandgerät verfügte. Oder gar über einen Kassettenrecorder „Anett“. Zwar kostete eine Leerkassette satte 20 Mark, aber dafür in den Ferien arbeiten zu gehen, war für uns keine Hürde.

Plötzlich war vieles „suspekt“

Infolge der Ausbürgerungen und Ausreisen zahlreicher Künstler ab 1976 waren plötzlich Filme wie „Paul und Paula“ von der Leinwand und Titel aus dem Radio oder aus der Disco verschwunden. Songs wie „Baggerführer Willy“, „Wer die Rose ehrt“ und Co. gab es bestenfalls vom privaten Plattenspieler; „Tritt ein in den Dom“ passte ebenso wenig ins sozialistische Weltbild wie „Schwerter zu Pflugscharen“, der Text unserer Nationalhymne oder Che Guevara.

Jugendfestival 1979 …

… mit Tanz auf allen Straßen.

Zehnte-Klasse-Abschuss

Bevor sich unsere Wege trennen sollten, verlebten wir jene Tage des Schülerdaseins, die wir später als die schönsten bezeichnen sollten: die Zeit vor den Abschlussprüfungen, die mit der schriftlichen Russischprüfung begann. Wir widmeten uns ausschließlich den Fächern, in denen wir geprüft wurden – erst schriftlich, dann mündlich. Mancher hatte das Glück, nur zweimal mündlich antreten zu müssen, schlimmstenfalls erwischte es uns vier- oder gar fünfmal.

In den Konsultationswochen zeigten sich unsere Lehrer von der besten Seite, sie waren an guten Abschlüssen ebenso interessiert wie wir. Es sei denn, sie hatten alte Rechnungen mit uns zu begleichen. Wie es nach den Sommerferien weitergehen würde, stand nahezu für alle fest. Jeder bekam eine Lehrstelle – wenn auch nicht unbedingt die gewünschte. Und wir glaubten damals zu wissen, dass in unserem künftigen Berufsleben der Begriff Arbeitslosigkeit niemals präsent sein würde.

Fetzig: Lange Haare und Schlaghosen.

Fernsehproduktion in Berlin-Köpenick.

Technik, die begeistert

Das Fernsehen zog mehr und mehr in unser Leben ein. Eine Reihe neuer Programme ging auf Sendung und bei entsprechendem Wohlwollen unserer Eltern sahen wir die „Aktuelle Kamera", „Polizeiruf 110" und „Ein Kessel Buntes". In Farbe, sofern die Familie bereits im Besitz eines solchen Luxusgerätes war. Anfangs gab es die in der Sowjetunion hergestellten Riesenkisten „Raduga" (übersetzt: Regenbogen) mit grün- oder rotstichigem Bild und großem Heizwert. Später folgten DDR-eigene Color 20 und 50. Allerdings wurden damit Farbsendungen nur im französischen SECAM-Code empfangen. Die bundesdeutsche PAL-Codierung konnte damit nicht empfangen werden und wir mussten die Programme des Klassenfeindes in S-W sehen. Es teilte nicht nur eine Mauer unsere Ideologie, sondern auch eine unterschiedliche Farbcodierung.

Findige Techniker rüsteten die Fernsehgeräte nach, bis endlich in den 80er-Jahren der „Colormat" auf den Markt kam. Serienmäßig mit PAL/SECAM ausgestattet, erlaubte er uns fortan offiziell den Fernsehblick nach Westen und konnte zum stolzen Preis von 4900 Mark erworben werden. Zumindest mit guten Beziehungen. Ganz Reiche kauften sich einen Sanyo FFS für ca. 6000 Mark, falls sie ihn bekamen.

Die künftige Intelligenz

Einige unseres Jahrgangs machten das Abi an der EOS oder während der „Berufsausbildung mit Abitur" mit dem Ziel zu studieren. Letzteres erreichten viele, doch auch hier war es nicht immer die gewünschte Fachrichtung, sondern das Ergebnis der Umlenkungsgespräche. Umgelenkt wurde auf Mathe-, Physik- und Russisch-Geschichts-Lehrer oder auf Wirtschaftswissenschaften, Fachrichtungen, in denen Nachwuchsmangel herrschte. Das Zeug zu Medizinern, Architekten oder Psychologen hatten nur die mit erstklassigen Zensuren und/oder mit positiver politischer Einstellung bzw. mit Eltern aus der Arbeiterklasse oder solchen mit Vitamin B. Letztlich gingen wir unseren Weg. Entweder geradeaus oder über Umleitungen.

Die Liebe des Lebens

In diesen Jahren hatten wir alle (oder fast alle) eines hautnah kennengelernt: die erste Liebe unseres Lebens. Zur Disco, im Wohnblock, beim Ernteeinsatz oder bereits aus Kindertagen. Und wir alle hatten gelernt, dass die Familie die kleinste Zelle der Gesellschaft ist.

So lag es nahe, dass wir beizeiten bestrebt waren, eine eigene Familie zu gründen. Manchmal freilich wollte es mit richtigen Familie nicht gleich klappen. Das war aber kein Grund zum Verzweifeln. Ledige Frau mit Kind – das war salonfähig, davon gab es viele. Und sie alle trugen diesen Status mit Würde, denn sie demonstrierten damit ihren freien Willen. Immerhin war der Schwangerschaftsabbruch legalisiert.

Klar, nur wer ein Mädchen ärgert und ins Wasser wirft, ist ernsthaft an ihr interessiert.

„Was bleibt“

Camping – wenig Luxus, viel Spaß.

Wir 62er haben uns „am Tag danach“ – nach der Wende – nicht an bestimmtem Ort zu bestimmter Zeit getroffen. Die Zeiten „davor und danach“ (also die 89er/90er) waren viel zu konfus, um sich zu treffen. Ebenso konfus wie die Meinungen, die Erfahrungen und das Selbstverständnis über eben unsere Kindheit und Jugend. Nichts stimmte mehr! Nichts sollte/durfte mehr stimmen!

Wie die benachbarten Jahrgänge waren wir lange auf der Suche nach unserer Identität. Einige von uns fanden eine neue. Andere verzweifelten an ihrer alten. Die meisten von uns aber treffen sich regelmäßig, finden Gemeinsamkeiten und genießen das. Vorzugsweise beim Klassentreffen oder bei „unserer“ Musik. Wir haben inzwischen Falten, Bäuche, Brillen und Hörgeräte, Geheimratsecken, graue Bärte. Aber mancher von uns trägt nach wie vor lange Haare und Che Guevara auf dem T-Shirt. Wir alle sind „Über sieben Brücken“ (Karat; nicht Maffay!) gegangen. Wir treffen uns jetzt „Nach der Schlacht“ (Renft), wobei viele sich fragen „Was soll aus mir werden?“ (Stern Meißen).

Manchmal träumen wir unseren „Sommernachtstraum“ (Vroni Fischer) bei „Wasser und Wein“ (Lift), fühlen wir uns zusammengehörig wie „Nie zuvor“ (Elektra). Und wenn wir dereinst „Alt wie ein Baum“ (Pudhys) sind und „Am Fenster“ (City) sitzen, werden wir uns gern unserer Kindheit und Jugend erinnern und der Gemeinsamkeiten, die uns verbinden.

Ein Jugendtreffen der FDJ.